TOPIK白書

I

韓国語能力試験諮問会議 編

花書院

巻 頭 言

駐日本国大韓民国大使館 首席教育官 兼 公益財団法人韓国教育財団 常務理事

梁 鎬錫

　近年、韓国や韓国語に興味を示す人々が著しく増加していることは皆さまご存知の通りです。これに伴い、韓国語能力試験（TOPIK）を受験する人も増加傾向にあり、全世界における受験者数は2011年の10万人に対して2021年には37万人と、ここ10年で約４倍に伸びています。この傾向は日本でも同様であり、国内における受験者数は毎年ほぼ10％ずつ増加しています。2022年４月10日に行われた第81回試験では受験者が１万４千人に達し、これは１回の試験の受験者数としては過去最高の記録となりました。

　しかしながら、日本では韓国語学習熱の増加に比して、TOPIKについての広報・周知活動は十分に行われてきたとは言いがたい状況です。そこで、TOPIKについての情報発信をすべく、基本的な情報を収録した『TOPIKの手引き』を作成しました。

　『TOPIKの手引き』の作成を受け、TOPIKに関する様々な機関の模範的な取り組みや事例を発掘・紹介し、他の機関との事例の共有及び拡散の場として本フォーラムを開催することになりました。加えて、韓国語教育に携わっている方々が、様々な学習者との交流を通じて知り得た生き生きとした現場の知見を広くオープンにできる場を設けることにより、韓国語教育の質の向上に貢献することも目指しております。また、教育機関だけでなく一般企業にもTOPIKの認知度を高めるための課題を探り、解決のための方策をともに考えていく場としても本フォーラムは重要な機会となることを期待しています。

『TOPIKの手引き』について

　『TOPIKの手引き』は、公益財団法人韓国教育財団（https://www.kref.or.jp/）のホームページ内、以下のアドレスよりダウンロード可能です（2023年4月28日現在）。https://www.kref.or.jp/wordpress/wp-content/uploads/2022/04/kankokudm_web0425.pdf

　以下、概要について紹介します。

1．『TOPIKの手引き』作成の背景

　日本における韓国語に関する検定試験には「TOPIK」と「『ハングル』能力検定試験（以下、ハン検）」があります。TOPIKの受験者は近年急増しているものの、長い歴史を持つハン検に比べるとその存在はあまり知られていないのが現状です。そこで、TOPIKの存在を広く知ってもらい、受験者を増やすことを目的に『TOPIKの手引き』を作成するに至りました。作成した手引きを2,500か所の教育機関等に発送したところ、予想以上の大きな反響がありました。

2．団体専用試験会場の設置について

　日本においては、TOPIK受験者の急激な増加により試験会場の拡大が喫緊の課題となっています。このため、2022年度7月10日、第83回の試験から団体専用試験会場の設置が可能となり、その条件などを詳細に記載しました。

3．TOPIK受験者のインセンティブについて

　TOPIK試験の結果によって（主に、5級以上合格者）奨学金の授与や単位認定をしている教育機関を紹介しました。また、企業採用や人事評価への反映をしている事例や日本政府観光局の通訳案内士の韓国語科目試験免除（6級）について記載しました。

4．TOPIKとハン検の違いについて

　TOPIKともう１つの韓国語検定試験であるハン検について、それぞれの違いを整理・提示することによって、TOPIKでは受験者個々の必要に応じた柔軟な受験の選択が容易であることを示しました。

　TOPIKとハン検の大きな違いとして、試験の実施回数が違うこと（TOPIKは年３回、ハン検は年２回）、ハン検にはない作文テストがTOPIKにはあること、また、ハン検は主として日本国内での評価として活用されているのに対して、TOPIKは日本に限らず世界中で同一の評価基準として活用されていることといったメリットを紹介しました。

5．TOPIKの試験レベルと評価基準

　TOPIKの試験レベルと評価基準を各級別に詳細に記載しました。受験準備のためにはどのくらいのレベルの語彙や文法の知識と「韓国」についての一般的な知識を習得していなければならないのかという基準をTOPIK I、TOPIK II それぞれに分けてわかりやすく記載しました。

6．TOPIK試験対策のための提案

　TOPIKの試験区分は2014年下半期以降、従来の初級、中級、高級（上級）の３段階から、TOPIK I （１、２級）とTOPIK II （３、４、５、６級）の２段階に変更されました。これにより、従来の中級受験者はTOPIK II を受験するようになり、より高度な試験問題に接することになりました。このため、学習の方向性に迷いが生じたり、負担が増加したと感じたりしていることが容易に想像できます。そこで、『手引き』では中級受験者のこのような不安を取り除くため、第64回試験問題の類型分析を通じて受験対策を提案しました。

　例えば、「聞き取り問題」の対策としては、３級に合格するためには１番から20番までの問題を中心に、４級には１番から30番まで、５級には40番まで、６級には50番までの問題を学習することを効率的な方法として提案しました。「読解問題」「作文問題」でも同様の提案をしました。

刊行にあたって

立教大学外国語教育研究センター 教授　**佐々木 正徳**

　本書は2022年7月16日（土）に立教大学池袋キャンパスにて実施された第1回TOPIKフォーラム「企業と教育現場での韓国語能力試験（TOPIK）の採択」の内容をまとめたものである。

　「巻頭言」で梁鎬錫首席教育官が触れているように、近年の日本におけるTOPIK受験者の増加には目を見張るものがあり、会場によっては受験の申し込み自体が困難になっているほどである。しかしながら、「TOEIC」が英語のテストであることは、受験したことのない人でも分かるのに対して、受験経験者や受験を目指して学習している人以外で「TOPIK」が韓国語の検定試験であると知っている人は多くないと思われる。「知っている人は知っている」が「知らない人は知らない」状況にあるのが、ここ数年のTOPIKを取り巻く現状ではないだろうか。「知っている人は知って」いて「知らない人は知らない」というのは、あるいは2000年代はじめの「韓流」初期と状況が似ているかもしれない。

　そうした問題意識の元で2022年の春に作成されたのが、『TOPIKの手引き』である。概要については前述「『TOPIKの手引き』について」を参照されたい。

　本フォーラムは手引き作成に続く二つ目のプロジェクトとして企画されたもので、TOPIKに関する様々な機関の模範的な取り組みを発掘・紹介・共有することを通して、取り組みをより発展させるきっかけを提供するために企画された。当日は多様な経験をもつ登壇者が自身の立場から事例を報告した。そのためか、聴衆の中にも韓国語教育に携わっている教員、韓国と取引のある企業の社員、韓国語学習者など、多様性が見られた。以下にフォーラムのプログラムについて紹介する。

フォーラムは2部構成で実施した。第1部は講演、第2部はディスカッションである。第1部では3名の教員から各自の学校教育現場の状況について報告していただいた。第2部では、新たに学校以外の現場で韓国語学習に関係した活躍をされている3名をコメンテーターとして加え、第1部の内容をふまえた上でそれぞれ話題提供をしていただくことで、日本における韓国語教育について複合的重層的な理解を深めることを目的とした。

　第1部ではまず、長崎県立対馬高等学校で韓国語の教員を務めている金京児（きむ・きょんあ）先生に、高校で行われている韓国語教育の実践についてお話しいただいた。対馬高等学校は離島留学校として全国各地から学生を受け入れている学校で、2019年度に「国際文化交流科」を新設、「全国の公立校で唯一韓国語を専門的に学べる学校」として全国の韓国語を学びたい学生たちに訴求している。最近は、釜山の大学と連携しつつ質の高い韓国語教育を行っており、検定試験で毎年多くの上級合格者を誕生させているだけではなく、韓国の大学へ進学する卒業生も輩出しつつある。当日は「対馬高校での韓国語教育」というタイトルでお話しをいただいた。英語以外の外国語は大学生になってはじめて学習するというケースがまだまだ多い中で、対馬高等学校の事例は外国語教育の新たな可能性を示しているように感じられた。

　2人目の登壇者は長崎外国語大学の朴永奎（ぱく・よんぎゅ）教授である。長崎外国語大学はTOPIKの長崎会場でもあり、検定と高等教育の接続についての蓄積を有しているだけでなく、近隣地域で韓国語を学びたい多くの学生たちの受け皿になっているほか、大半の学生を留学に送り出し、海外生活を経験させることで成長を促すなどグローバル社会を見据えた教育を長年実践している。地方の小規模大学でありながら、留学支援奨学金が充実していたり、マイナビ進学総合研究所が実施した「大学認知度・イメージ調査」2022年度版の「グローバル」イメージで第3位に選出されたりするなど、特筆すべき特徴をもつ大学である。当日は「長崎外国語大学におけるTOPIKの運営事例」というタイトルでお話しをいただいた。留学を目指している学生が検定を受験するのは自然なことで、検定と教育との好循環が見られる事例であった。

　3人目の登壇者は近畿大学の酒勾康裕（さかわ・やすひろ）准教授である。酒勾先生の専門は韓国語教育で、韓国のソウルに長く住んでいた経験を活かし、キャリア接続を意識した韓国語教育・留学指導を実践している。可視化しづらい留学

の効果について検証したり、企業関係者を対象に調査を行ったりと、大学の内と外、双方を対象とした研究により、大学での学びと就職との接続について研究されている。当日は「TOPIKの取得と就職」というタイトルでお話しをいただいた。「グローバル社会」「ダイバーシティ」がうたわれ、多くの企業が多様な人材、外国語ができる人材を求めているにもかかわらず、必ずしも検定のスコアへのニーズが高いわけではないという非常に重要な指摘がなされた発表であった。以上3名の講演内容については第2章に掲載されている。

　その後の第2部では、文部科学省総合教育政策局に勤める田中光晴氏の司会のもと、民間での韓国語教育の推進に貢献するYouTuberのトリリンガルのトミ氏、Ｊリサーチ出版編集部社員の和田圭弘氏、新大久保学院の李承珉院長を迎え、活発な議論を行った。ディスカッションの様子は第3章に掲載されている。

　当日は雨の中の開催にもかかわらず多くの方にキャンパスにて参加いただいた。ウェビナーでも全国（一部、海外）から多様な属性を持った参加者に視聴していただき、関心の高さを知ることができたのが、何よりの成果であった。各自にとって実りのある時間となったことを願ってやまない。

　なお、当日の模様はYouTubeでも公開している。
https://www.youtube.com/watch?v=GxZqcwxc-V4&t=2s
　公開元である立教大学外国語教育研究センターでは、韓国語に限らず多くの言語の教育に関するシンポジウムが開催されている。ご興味のある方はチャンネル登録やホームページ（https://fler.rikkyo.ac.jp/index.html）へのアクセスもしていただけると幸甚である。

　最後に、当企画の立案過程から話し合いに加わり実務的な作業を多くしていただいた公益財団法人韓国教育財団の崔明氏と李東俊氏、また、当企画の共催を快く引き受け、会場の確保や広報、当日の設営、動画の配信など事前準備から事後処理に至るまで粉骨砕身して取り組んでくださった外国語教育研究センター関係者、とりわけ事務職員の阿部愛様、堀中春菜様、森園晴美様にはこの場を借りて御礼申し上げたい。ありがとうございました。

Contents

第1章　日本における韓国語能力試験の実施歴史

第2章　TOPIKの制度化と活用

第 1 章

日本における韓国語能力試験の
実施歴史

日本における韓国語能力試験の実施歴史

公益財団法人韓国教育財団 管理部長　崔　明

公益財団法人韓国教育財団 韓国語能力試験コーディネーター　李 東俊

1. はじめに

　韓国語能力試験（TOPIK：Test of Proficiency in Korean）は、韓国語を母語としない在外同胞および外国人に韓国語学習方向を提示し、韓国語を広く普及させるために韓国政府が計画し、全世界を対象に実施する試験である。大韓民国政府が公認する唯一の韓国語能力評価であるため、外国人が韓国留学や就職を希望する時に韓国語能力を証明する手段でもある。

　2023年現在、世界97カ国で韓国語能力試験が施行され、受験者数は約35万6千人である。日本では39都市で55ヶ所の試験会場を運営して、毎年約4万人が受験している。

　しかし、韓国語能力試験の歴史を作り出したルーツが日本にあることを知っている人は数少ない。戦後、独立した祖国に帰れずに日本に留まった在日韓国人が最も多かった。そのため、韓国学校、朝鮮学校、韓国教育院、韓国語学習会はもちろん、放課後活動で韓国語を学べるプログラムを設けた小中高校もたくさん存在した。

　このような背景があり1993年に日本の団体であるハングル能力検定協会が主管する韓国語および朝鮮語の能力を測る「ハングル能力検定試験」が初めて施行された。本試験は現在毎年2回施行されており、年間約25,000人余りが受験している。ところがハングル能力検定試験は北朝鮮語も許容したため、韓国語能力をまともに評価するためには別途試験が必要だという意見が集まる。

　これに対し駐日韓国大使館と韓国教育財団は、延世大学の金錫得副総長、明知大学の陳泰夏教授、ソウル大学の沈在箕教授、ソウル大学の朴甲洙教授、高麗大学の成光秀教授など韓国所在大学の教授5人と日本国内の韓国語教育者7人など計12人で構成され「韓国語能力検定試験」を研究開発した。1995年末に東京など5大都市で模

擬試験が開催され、韓国教育財団では問題点などを補完させ、翌年5月19日に札幌・仙台・東京・新潟・名古屋・大阪・広島・福岡の8都市の会場にて第1回韓国語能力検定試験を開催した。

韓国語能力検定試験は当時、日本国内において韓国語を学習している数万人の在日同胞および日本人の韓国語学習能力を評価できるという効用性を証明することに成功した。しかし、外国語としての韓国語能力をもっと客観的に測定し、全世界の韓国語学習者を対象に信頼度を備えた公認された試験が必要だという要求が増えた。これに答えるという形で大使館と韓国教育財団は韓国の関係機関との協議を経て、1997年から韓国学術振興財団（現在の韓国研究財団）が全世界を対象に実施する「韓国語能力試験」を主管することになる。

以降、韓国語能力試験は1998年度までに第1回、第2回試験を韓国学術振興財団が主管し、1999年2月に韓国教育課程評価院に主管機関が移行され、2010年までに20回の試験を実施した。その後、2011年に主管機関が国立国際教育院に変更され、現在に至っている。

2. 日本での韓国語能力試験

2.1. 韓国教育財団主管

日本に居住する在日韓国人および現地人の韓国語能力評価のために開発され、1996年5月19日に東京など8つの主要都市で施行された「韓国語能力検定試験」には計2,126人が受験した。

〈表2-1〉第1回韓国語能力検定試験年代別受験者数

年齢	10代	20代	30代	40代	50代	60代	70代	80代	合計
人数	217	684	535	358	200	108	23	1	2,126

〈表2-2〉第1回韓国語能力検定試験の性別受験者数

区分	1級	2級	3級	4級	5級	合計	比率
男性	114	208	298	238	238	1,136	53.4%
女性	99	172	219	230	270	990	46.6%

〈表2-3〉第1回韓国語能力検定試験国籍別受験者数

区分	1級	2級	3級	4級	5級	合計
韓国	81	91	86	73	104	435
日本	123	282	429	394	444	1,672
その他	9	7	2	1	0	19

　当時、韓国語能力検定試験は5段階で評価されていたが、その内容を見るとまず1級は一般社会的な高級水準の文章を駆使でき、新聞、雑誌、教養書、文芸作品を読んで理解できる水準である。2級は日常生活で普通水準の文章または新聞記事や説明文などを理解できる水準。3級は簡単な文章を理解し、生活会話の駆使に不便がない水準。4級は基礎語彙1,000個程度の文章を理解し、会話が可能な水準。5級は基礎語彙400個を理解し、入門水準の短い文章を理解できる水準である。現在の韓国語能力試験は6級を最も高い水準に評価しているのとは異なり、韓国語能力検定試験は1級を最も高い水準に評価し、5級を最も低い水準に評価したというのが特徴だ。

　1993年から施行しているハングル能力検定試験は、北朝鮮の語彙や文法を問題として出題していたため、韓国の学校などで学んだ人たちは学習した内容と相違する矛盾点が生じた。韓国語能力検定試験はこのような問題を解決するために韓国政府が定めた標準語規定によりソウルで使用する言語を基に試験質問項目を構成した。

　また、韓国語能力検定試験は受験対象において制限を設ける事がなかったため韓国籍の在日同胞も多数受験することができた。一部では、母国語としない人向けの試験であるべきという意見もあり、韓国語を母国語とする人の受験は目的に反するという指摘が提起されているが、これに対して韓国教育財団では、国籍が韓国であっても日本に住んでいる限り母語は日本語であり、実際日本での滞在期間が長くなることで韓国語が薄れていく在日同胞が少なくない状況であるため、本試験をきっかけに母国語である韓国語を学ぶ機会を提供する一方、これを学ぶことで本国への理解を高められると判断したため現在においても受験対象に制限をおいていない。

2.2. 韓国学術振興財団主管

　信頼度を備えた韓国語能力評価体制を開発する必要性があり、韓国にある韓国学術振興財団に主管機関が変更された後、韓国語能力試験は以下のような体制に改編された。

ア）名称：韓国語能力試験（Korean Proficiency Test）

イ）評価目的

・韓国語能力を測定する。

・韓国語教育機関の研修、教育課程および教育評価方法を標準化する。

・韓国語を母国語としない外国人および在外同胞に韓国語の学習方向を提示する。

・韓国語普及を拡大し、その結果を韓国語学習および国内外の大学への留学、
企業就職などに活用できるようにする。

ウ）受験対象：韓国語を母国語としない外国人または在外同胞として韓国語を学習
する者で、国内外の大学に留学したい者や国内外の韓国企業及び公共機関への
就職を希望する者、または外国の学校に在学しているか卒業した者

エ）等級体系：6等級制（等級別問題出題、1級が初級レベルで6級が高級レベル）

オ）評価領域：語彙および文法、書き取り、聞き取り、読み取り領域

カ）質問タイプ：客観式問題と主観式問題の混合型、主観式問題の割合を初級は10%
以内、中級は20%以内、高級は30%以内とする

キ）施行回数：年1回

　この時期は、韓国語能力試験が国家レベルの試験としての公信力を確保するために
努力した時期でもある。1997年10月に実施された第1回韓国語能力試験は韓国、日
本、ウズベキスタン、カザフスタンなど4カ国14地域で2,274人が受験し、日本では
1996年に施行した8地域にて1,529人が受験した。初期における韓国語能力試験は
認知度が低かったが、日本は韓流の影響による現地の韓国語学習需要の増加などの理
由で2005年まで全世界韓国語能力試験受験者数1位の座を守り続け、韓国語能力試
験の認知度を確立した。

〈表2-4〉 1997～2002年度受験者統計

年度	1997	1998	1999	2000	2001	2002	2003	2004	2005
受験者	1,529	1,515	1,427	2,239	2,894	3,723	4,986	6,185	7,995
会場数	8	8	9	14	14	14	16	16	19

2.3. 韓国教育課程評価院主管

2006年からは試験体制の安定化および信頼度向上のために様々な試みと変化が行われた。まず、6種類の問題用紙を活用した評価方式を3種類の問題用紙を利用して施行し、点数によって6等級を判定する方式の統合評価制を2006年第10回韓国語能力試験から導入することとなった。初期の頃は、受験者数の分布が初級に集中していたが、変化期に入ると初級の需要が減り、中級・高級受験者の割合が高くなった。韓国語能力試験の実用性を改善できる方案を用意する必要性が提起されたためである。等級判定方式が変更され、試験を実施する度に開発しなければならない試験問題が減るなど、韓国語能力試験出題および管理実用性も改善された。

韓国語能力試験の英語名称が「TOPIK」に変更されたのもこの時期だ。韓国語能力試験は第1回から2005年の第9回試験まで「KPT (Korean Proficiency Test)」と呼ばれていたが、この名称は子音だけで行われ発音が難しく親しみを与えないという理由で2006年の第10回韓国語能力試験から「TOPIK (Test of Profiency in Korean)」に変更された。

また、毎回韓国語能力試験の問題類型が異なり受験者に混乱を招く事項が多かったため、2007年第11回韓国語能力試験からは固定された評価問題の枠組みに合わせた出題が行われるようになった。これにより、問題類型による混乱が減り、受験者の試験準備が一層容易になり、韓国語能力試験の対外的なイメージ改善に大きな影響を及ぼした。

質問項目のセキュリティ維持のためにAタイプ、Bタイプ制度が導入されたのも2007年第11回韓国語能力試験の時からだった。時差が存在する様々な国で同一の試験を施行することは、セキュリティ面における不備の可能性があるため、30%～50%の質問項目を順番だけ変えAタイプ、Bタイプの問題用紙を設け、施行している。

一方、2007年第11回から「実務韓国語能力試験 (Business TOPIK, B-TOPIK)」が新設された。実務韓国語能力試験の導入により、従来の韓国語能力試験は「一般韓国語能力試験 (Standard TOPIK, S-TOPIK)」に名称が変更された。実務韓国語能力試験の導入背景を調べると、法務部が2007年から施行した無縁故海外同胞訪問就業制と関係がある。訪問就業制とは、韓国にて就職を希望する発展途上国の在外同胞に就職できる資格を与える制度であるが、韓国において就職資格を取得するためには基本的な韓国語駆使能力を検証する必要があった。既存の韓国語能力試験では特定職業群

の業務遂行能力を測定するのに限界があるため、韓国内就職を目的とする現場労働者の韓国語能力を測定できる新しい評価ツール開発が要求されたのである。日本では2009年9月に第16回韓国語能力試験から導入を開始し、計3回実施したが、回次別受験者数は16回289人（全受験者の4.9%）、18回受験者199人（全受験者の4.0%）、19回受験者173人（全受験者の2.7%）と実績としては低調であった。B-TOPIKは当初2011年まで実施する予定だったが、2010年度の第19回韓国語能力試験を最後に廃止される。

　2007年から韓国教育課程評価院は、試験回数を年間2回に増やし、受験需要を積極的に受け入れるための条件整備を始めた。日本においても2008年から試験回数を年2回に増やし、その結果2009年度に年間受験者が1万人を突破する記録を立てる。この時期における受験者数の推移は以下の通りである。

〈表2-5〉2006〜2011年度受験者統計

年度	2006	2007	2008	2009	2010	2011
受験者	8,147	7,833	7,695	10,450	11,524	13,037
会場数	19	19	22	23	29	31

2.4. 国立国際教育院主管

　2011年に事業主管機関が韓国教育課程評価院から国立国際教育院に移管され、韓国語能力試験の結果が大学および大学院入学、韓国語教員資格取得、政府招請奨学生選抜、韓国企業就職など多岐において活用されるようになる。特に2011年からは韓国語能力試験3級以上に合格した人だけが韓国内大学及び大学院に入学でき、韓国語教育を専攻した外国人が、文化体育観光部長官が与える韓国語教員資格を取得するためには必ず韓国語能力試験6級に合格しなければならない規定が新設された。また、保健福祉部では外国人医師資格に韓国語能力試験5級取得を要求するなど、韓国語能力試験が公式に活用される範囲がますます拡大した。

　2014年には既存の初級、中級、高級評価体制から初級レベルのTOPIK Iと中・高級レベルのTOPIK IIの2種に改編し、評価領域も語彙/文法・読解・聞き取り・筆記の4領域から読解・聞取り・筆記の3領域以下に調整し受験者の負担を減らしつつも実質的なコミュニケーション及び言語使用能力を評価する方式に改善され、2014年第35回よりこれが導入された。日本では第36回韓国語能力試験から導入された。特に初級

レベルのTOPIK Iは読解と聞き取り領域だけを評価し、韓国語入門学習者が負担なく試験を受けられるようにし、既存の中級と高級試験が統合されるTOPIK IIはTOPIK I以上の実力の方が級の選択の負担を減らすことができると思われる。

〈表2-6〉韓国語能力試験体制改編

区分	改正前	改正後
等級	初級（1～2級）	TOPIK I（1～2級）
	中級（3～4級）	TOPIK II（3～6級）
	高級（5～6級）	
評価項目	語彙・文法、筆記、聞取り、読解	聞取り、読解、*筆記（*TOPIK IIのみ）
試験時間	180分（全等級共通）	TOPIK Iは100分、IIは180分
配点	400点（全等級共通）	TOPIK Iは200点、IIは300点
合格基準	等級分割点数で等級判定 項目別最低得点要求及び過落制度あり	獲得した総点数による認定等級判定 過落制は廃止
等級判定	絶対評価制	相対評価制及び不合格点数制の導入 （TOPIK Iは100点未満、TOPIK IIは 120点未満の場合不合格）

　一方、日本国内においては試験回数を増やしてほしいという要求が強かったため、2017年から年3回施行に改編され現在に至っている。2017年7月に施行された第53回韓国語能力試験は、韓国教育院のある地域だけで試験的に施行し、問題点および改善方案を導き出した後、2018年からは日本国内のすべての会場に拡大させた。ただし、試験準備期間が短くなるにつれ、運営側の準備に対する業務負担が加重するという問題が浮き彫りになり、人材が不足している試験会場や受験者需要の少ない試験会場では7月施行を当分猶予することにした。

　日本での韓流ブームが進化を遂げ、韓国語学習者が急増する一方、各地域における韓国教育院が重点的に推進していた海外小・中学校の韓国語採択事業の可視的成果や韓国語能力試験の拡大実施などの影響により2017年では日本国内の韓国語能力試験の年間受験者が2万人を突破した。この時期における受験者数の推移は以下の通りである。

〈表2-7〉2012～2019年度受験者統計

年度	2012	2013	2014	2015	2016	2017	2018	2019
受験者	18,146	17,905	16,546	18,108	19,970	23,365	25,336	27,715
会場数	31	32	29	32	33	33	33	32

2.5. 新型コロナウイルス感染症以降の日本における韓国語能力試験の実施状況

　2020年に全世界を襲った新型コロナウイルス感染症（COVID-19）の影響により、4月実施の第69回、7月実施の第71回韓国語能力試験の施行は結局中止される。特に第69回の場合、5月へ第70回として延期実施を予定したが、結局開催に至る事は無かった。両試験ともに願書受付が完了したにもかかわらず、コロナ拡散を憂慮する運営機関や会場側の都合により実施を拒否する事態が生じ、韓国教育財団は受験料の払い戻しで発生する手数料や試験準備のための費用に加え、防疫費まで全て抱え込んだため試験施行史上最悪の赤字を記録する。

　韓国への留学を準備していた受験者の被害も大きかった。受験者からの試験中止に対する被害補償および対策樹立の持続的な要求など日に相当数の問い合わせメールと電話があり、財団事務局側の混乱が生じる。そのような状況下においても、第72回は10月18日に20ヶ所、第73回は臨時で11月15日に仙台、横浜、福岡で試験を敢行する。しかし、最も多くの受験者が分布している東京、大阪、名古屋地域は2020年においては一度も試験を施行できなかった。

　2021年に入っても新型コロナウイルス感染症の拡散が沈静化する兆しが見られないため、財団では1都道府県当たり1会場実施という規定を廃止し、各地域別当たり複数の会場を開設し、新型コロナウイルス感染症拡散によるリスク分散する一方、受験者の利便性を向上させるという観点でも主要駅近くの会場設置に努めた。このような韓国教育財団の努力と防疫規定遵守を条件とした試験会場使用により、前年受験できなかった受験者の需要も含め、2021年度における年間受験者数は史上初めて4万人を突破するに至った。この時期における受験者数の推移は以下の通りである。

〈表2-8〉2020〜2022年度受験者統計

年度	2020	2021	2022
受験者	5,711	40,957	39,334
会場数	22	45	50

　韓国教育財団では受験者10万人達成を目標に掲げ、まず文部科学省、大学、専門学校、韓国教育院、出版社など各界の専門家を招集し「韓国語能力試験諮問委員会」を発足させた。韓国語能力試験諮問委員会では韓国語能力試験の安定的な運営および受

験者増加のための戦略についての諮問を惜しまず、学校現場で活用できる教育者側の資料として「TOPIKの手引き」を製作し、日本国内の約2600ヶ所の教育機関に配布した。また、韓国語教育関係者を招待して韓国語能力試験の発展方向について意見を交換する「TOPIKフォーラム」も成功裏に開催した。

　試験会場を運営する各運営機関とのコミュニケーションのためのネットワークも整備した。試験会場責任者マニュアルを新規製作し、運営機関に配布、試験運営に関する不明点を定期的に聴取した。監督官マニュアルも従来はテキストのみで可読性に欠けるとの指摘を反映し、デザイン業者に依頼することで読みやすいデザインに仕上げ、韓国語・日本語版の責任者マニュアルと監督官マニュアルを日本独自の形で製作し、スタッフに配慮した。

　受験者へのサービスも大々的に改善した。まず韓国語教育分野の有名インフルエンサーを広報大使に委嘱し、インスタグラム、ツイッター、ユーチューブなどオンライン広報チャンネルを開設して既存のポスター発送に留まっていた広報チャンネルを多様化させ、受験者と常時疎通できる体系を構築した。また、受験者が願書の申込から試験施行、成績確認に至るまでの予想される質問内容と不要な制度などを持続的に改善し、かつての多くの問い合わせを激減させるなど可視的な成果も収めた。

3．おわりに

　韓国語能力試験は韓国の教育部所属機関である国立国際教育院が主管しているが、これを日本で施行する機関は駐日日本国大韓民国大使館と公益財団法人韓国教育財団である。前述通り、韓国語能力試験の前身は、1996年に韓国教育財団が自主的に実施した韓国語能力検定試験だった。翌年から韓国の教育部に主管機関が移ったとはいえ、韓国語能力試験が日本で初めて研究開発され、これが現在の韓国語能力試験に発展したということは特別な意味がある。

　専門家による意見として、韓流を基盤にした韓国語学習者の増加傾向は今後も続くだろうと予測している。特に日本国内の韓国語学習者の学習目標を見れば、この展望は妥当な面がある。この3年間、日本で韓国語能力試験の受験者の受験目的を分析した統計によると、留学や就職のために韓国語能力試験を受ける人は30％に過ぎず、残りの70％は趣味や自分が普段ドラマや音楽を通じて学んだ韓国語の実力を確認するために試験を受けているという。これはTOEICやHSKなどの受験目的が主にビジネス

や留学にあるという日本国内の他の外国語学習者と比較すると、韓国語学習者だけが持つ固有の特徴と見られる。

　それでは今後、日本国内の学習者が韓国語の効用性と達成感をさらに高めていくためには、どのような点が補完されなければならないのか？この質問に対する回答は、韓国語能力試験の現地化戦略を実現するための課題とほとんど似通っている。具体的にあげると、現在の全世界を対象とする韓国語能力試験が持つ様々な魅力とは別に、日本人学習者に特化した補完的で差別化された評価ツールの開発、英語など他の外国語と比較可能な客観的な評価基準の提示、企業の人事高価や大学単位などで韓国語能力試験成績が一般的に認められる制度的基盤の確保などが代表的な課題といえる。

　今後韓国教育財団は大使館、韓国教育院などと共に韓国語能力試験の学習者、教育者、関係機関の意見をより積極的に収斂するためにフォーラムをはじめ多様な形態の討論空間が用意されるよう尽力する。

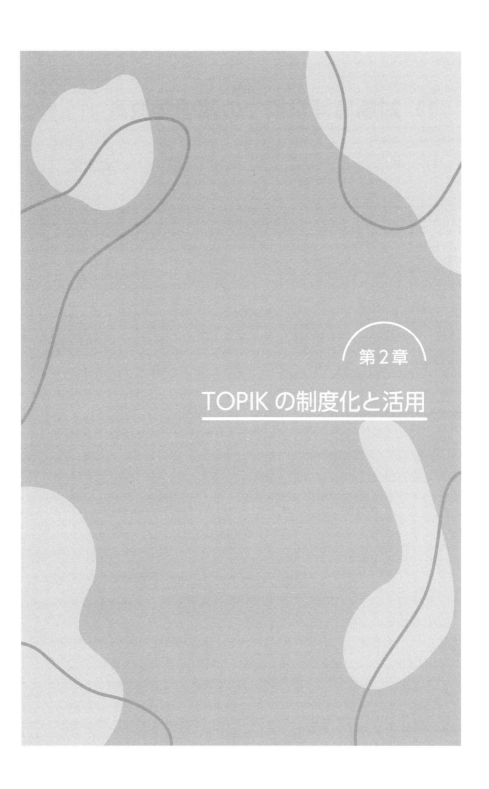

第 2 章

TOPIK の制度化と活用

1）対馬高等学校での韓国語教育

長崎県立対馬高等学校 教員　金 京児

＊本稿は当日の講演記録をもとに文語体で構成したものであるが、当日の雰囲気を伝えるために口語表現をそのまま使用している箇所がある。

はじめに

　離島留学制度というのは、自然に恵まれた環境の中、特色ある学科やコースで学習に取り組み、充実した高校生活を送ってもらう事を目的とした制度である。離島の多い長崎県では島の5つの高校で離島留学制度を実施しており、その一つが対馬高校の国際文化交流科である。

　国際文化交流科の前身は、平成15年に設立された国際文化交流コースである。当時、全国の公立高校では唯一韓国語を専門的に学べるコースであった。その後、平成31年に国際文化交流科を新設、韓国人教員も1名増え、コース時代に培った経験と成果をもとにさらなる韓国語教育の充実を図っている。公立高校としては珍しい取り組みのため、色々なメディアに取り上げられている。

1．国際文化交流科の状況

　国際文化交流科の特徴として、まず韓国語の授業をしっかり行っているという点があげられる。対馬高校はTOPIKやハングル検定試験の受験地でもあるため、対策をしっかり実施している。毎年夏休みには2週間の韓国での語学研修がある。2020年〜23年は残念ながら実施できず国内研修に替えて実施した。語学の授業にとどまらず、韓国や日本の色々な分野の専門家による出張講義を年5回以上、多いときは年10回以上実施しているほか、韓国語の各種大会への参加も積極的に行っている。大会に

出るには多くの時間と費用がかかるという、島ならではの困難はあるが、労を惜しまず生徒を応援している。なお、学生は全員下宿や寮で集団生活を送っている。

　国際文化交流科の場合、3年間で韓国語の単位を19単位取得する必要がある。授業は、1年生の時に韓国語が毎日1時間、2年生になると韓国語に韓国文化という教科が加わる。3年生になると「韓国語表現」という、会話と韓国の政治・経済などの時事問題についての勉強がある。それ以外、毎月3、4回の朝補習、4コマの休日補習を年5回ほど実施している。

　2022年の在籍者数は、1年生29名、2年生19名、3年生29名、合計77名である。女子生徒の方が断然多く70名、男子生徒は7名である。在籍者のうち、対馬島内出身者は3名、残りの74名のうち一番多いのは出身地は長崎県だが、福岡、熊本など九州をはじめ、愛媛、愛知、広島、京都、大阪、福井、沖縄、今年はソウルの日本人学校から来ている生徒もいる。

2．学生をひきつける要素

　2022年1月に「この学科の魅力は何か？　何がよくて、遠い学校まで来たのか？」というアンケートを実施した。結果は〈表1〉である。「韓国の大学への進学」を3年生が14名、2年生が23名、1年生が18名選択した。そして「検定や大会での実績」を選んだのは、1年生が9名、2年生が17名、3年生が11名であった。高校生ということもあり、進学や成績、成果実績に興味があるという事が分かった。

〈表1〉国際文化交流科の魅力（2つ選択）（2022年1月実施）

	韓国の大学への進学	検定や大会での実績	韓国人教員	その他
3年生（29名）	14	9	12	6（釜山研修17）
2年生（29名）	23	17	13	5
1年生（19名）	18	11	5	3

　検定の実績について、2020年度はTOPIKの4級合格者が7名、5級合格者が5名、6級合格者が7名である。21年度は4級合格者が7名、5級合格者が12名、6級合格者が9名であった。21年度はハングル検定試験で初めての2級合格者が誕生した

（2名）。大会での実績は毎年顕著で、色々な大会に積極的に出て、最優秀賞や優秀賞などで多くの好成績をあげている。

　〈表2〉は2020年度の検定の取得状況をまとめたものである。合格者内訳をみると、初級レベルのTOPIK（1級と2級）は、ほとんどが1年生のうちに取得していることがわかる。

〈表2〉検定の取得状況（2020年度）

| | 韓国語能力試験（TOPIK） | | | | | | 「ハングル」能力検定試験 | | | |
	6級	5級	4級	3級	2級	1級	準2級	3級	4級	5級
1年 (31名)		1			13	15	1		12	13
2年 (31名)	4	3	6		1	3		9	1	
3年 (13名)	3	1	1					1	2	
合計	7	5	7		14	18	2	11	13	13

　TOPIKやハングル検定で上級に合格した学生には、学校でインセンティブとして増単位を認めている。例えば、TOPIKの6級に合格すれば、総合韓国語という科目の単位にプラス5の増単位を認定している。前述したように卒業に必要な韓国語の単位は19単位だが、29単位、30単位ぐらい取って卒業する学生がほとんどである〈表3〉。

〈表3〉増単位認定する場合

	レベル	対応教科	対応科目	単位数
韓国語能力試験（TOPIK）	5・6級	韓国語	総合韓国語Ⅰ・Ⅱ	5
	4級			3
	3級			2
	2級			1
「ハングル」能力検定試験	2級			5
	準2級			3
	3級			1
釜山韓国語研修 （長崎県教育委員会主催）	参加			1

　また、2021年の10月から本校でTOPIKの受験ができるようになり、今後ますますの合格者増が見込まれている。以前は福岡や長崎まで行って試験を受けなければなら

ず、時間や交通費、ホテル宿泊費など結構なコストが発生していた。これについては、対馬市からTOPIK受験のために１人１万円の補助金を出していただいていた。

　卒業後の進路も学生をひきつける重要な要素である。主に韓国の大学への進路だけをみると、2022年３月の卒業生29名のうち、10名が韓国の大学に進学している。21年は卒業生13人のうち韓国の大学への進学者は３名であるが、コロナの影響で韓国での進学を諦め国内の大学に進学した人もいた年である。20年は卒業生19名のうち半数の10名が韓国に進学した。この年は大学が６人、語学堂が４人であったが、語学堂に入った卒業生は、TOPIK４級以上は既に持っていたものの、ゆっくり韓国で大学生活を始めたいという本人の希望で進路として選択したものである。

　22年３月に卒業し韓国の大学に進学した学生の具体的な進学先は、延世大学とソウル市立大学に３名のほか、韓国外国語大学、慶熙大学などである。いずれも本人の希望した大学に進学している。10名のうち９名はTOPIK６級を取得していたので、学費は全額免除となっている。

〈表４〉卒業後の進路

			2018年３月卒業	2019年３月卒業	2020年３月卒業	2021年３月卒業	2022年３月卒業
卒業生数			9	17	19	13	29
進学	国内	４年生大学	2	2	6	2	2
		短期大学		2		1	3
		専門学校	1	1	2	4	6
	韓国	４年制大学	2	4	6	3	10
		語学堂	4	2	4		
就職（国内）				6	1	3	8

3．授業の様子

　普段の学習指導で特別な事をしている気はなく、ごく普通の授業をしている。例えば、１年生では『easy Korean』という教科書を韓国から取り寄せて使用している。最初にレベルテスト行い、習熟度によってＡクラスとＢクラスに分けて授業を実施している。本校には自分を含め２名の韓国人講師がいるため同時間帯に２クラスに分けて行っている。Ａクラスは韓国語を初めて学ぶ生徒なのでハングルから、Ｂクラスは

ハングルの読み書きができる生徒なので、発音変化や基本文法から学習を開始する。1年生でありながら、授業は日本語と韓国語を交えて行っている。

　4月中旬から韓国語の学習が始まり、6月中旬には初めての定期考査が行われる。ハングルの仕組み、発音変化、単語、挨拶、本文を聞いて内容について答える、助詞を入れる、絵を見てどこに何があるのかを説明する、といったさまざまな問題を全て韓国語で解答する必要がある。既習者のBクラスでは「韓国語で自由に答えなさい」や「日本語に訳しなさい」「文章を完成させなさい」という出題もしている。解答時間は50分で、平均点は65点から70点である。出題している立場ながら、50分で解くのはとても厳しく、生徒たちは休む間もなく試験に取り組んでいる。

　TOPIKの対策は、主に朝の補修と休日補修を使って問題を解かせている。試験が近づいてきてはじめて、週2時間ぐらい通常授業の時間を使って学習している。2年生がTOPIKの主な対象になるが、TOPIK用の教科書は別途あり、家で単語を調べてくる、日本語に訳す等を課題としている。過去問は、2年生は25番あたりまでを使用している。聞き取りは、スクリプトを配布して家で各自が復習できるようにしている。作文は53番あたりまで指導している。3年生にはさらに最近話題のニュースや新聞記事等を読ませることで、作文54番の対策につなげている。

　教科書として使用しているのは『한국어능력시험 TOPIK2 실전 모의고사』(韓国語能力試験TOPIK2実践模擬考査）である。これも韓国から取り寄せて、課題として常に単語を調べさせている。これ以外にも様々な市販の教科書を練習に使っている。試験期間になると課題のテーマに対して自分の意見等を書いて、骨作りをした後に作文をさせるという形で、何枚も作文練習をさせている。

　先日、高校3年生を呼んでTOPIKや韓国語教育について話し合う機会を設けた。編集したものが以下である。

....

司会：*こんにちは、私たちは対馬高校の3年生です。今まで韓国語、TOPIKの勉強を続けてきたと思います。ですので、今日は韓国語やTOPIKの勉強について話していきたいと思います。*

Q．韓国語やTOPIKの勉強で難しかったことは？

A1．私は韓国語を勉強しながら自分がどのくらいの実力があるのか分からないまま、諦めず最後までやり通すことが難しかったです。

Ａ２．私は家で勉強することが難しい聞き取り問題の勉強が一番難しいと感じています。

*司会：来週末、TOPIKを受験する人が多いと思いますが、ここにいる皆さんは何人く
らい受験しますか？（１名を除いて挙手）ここにいる皆さんもほとんどが受験
をしますよね。*

Ｑ．今までどのようにTOPIKの勉強をしてきたか？

Ａ．私は二週間前から放課後２時間以上、休日は４時間以上勉強しました。家では試
験の時間通りに問題を解いたりしました。

*司会：試験時間通りに問題を解いてみるなど、TOPIKに慣れるために皆さんたくさん努
力したんですね。僕たちの中には既に６級をとった生徒もいれば、これから６級
を目指す生徒もいると思います。ですので、これからの目標を話してみましょう。*

Ａ１．私はすでに６級を持っていますが高校卒業後も挑戦を続け、６級を取り続けた
いです。

Ａ２．私は６級を取りたいです。

*司会：僕も既に６級を取りましたが、４月にはスピーキングも導入されるため、これ
からも挑戦し続けたいです。*

Ａ１．私は既に５級を持っているので、次のTOPIKでは６級を取りたいです。

Ａ２．私も既に６級を取得したのですが（点数が）256点だったので、次に受験する
際には280点以上を目指したいです。

Ａ３．私はいま５級を持っているので、次の試験では必ず６級を取得できるように頑
張りたいです。

*司会：TOPIKについて話してみたんですが、僕たちは３年生のため進路選択の時期が
迫っていますね。あと１年もするとついに大学生活がスタートしますよね。こ
こに集まっている皆さんの中には日本進学と韓国進学それぞれいると思います
が、（韓国進学のみなさんは）留学生活にとても期待が膨らみますね。*

先生：韓国に行っても仲良く過ごしてくださいね。

司会：（成人したら）一緒にお酒を飲みましょう！

Q．韓国の大学に進学しようとした理由を教えて

A．私は韓国でたくさんの価値観を知りたいため、留学することを決心しました。日本と韓国は近い国ですが、価値化や考え方が違うため、直接現場に行っていろんな考え方や価値観を学びたいです。

Q．国内の大学に進学してどういった勉強をするのか？

A．（日本の大学では）日本文学を勉強したいと思っています。

Q．ではなぜ韓国語を勉強しているの？

A．韓国語を勉強している理由は、日本の大学で留学制度を使い、韓国に留学したいと思っているからです。

Q．韓国の大学でどんな勉強をしたいのか教えて

A．私は観光や航空関係の勉強をしたいです。大学を卒業したら韓国の航空会社で働きたいです。

司会：最後の話題になりますが、今回この映像が公開されているのはTOPIKフォーラムですよね。何かTOPIKの主催者の方々に提案したいことなど、今まで勉強してきた皆さんだからこそ感じていた意見や要望など、「生の声」をせっかくですので聞いてみたいと思います。

A．TOPIKの結果発表の時に点数のみ照会ができるので、自分がどの問題で間違えたのか詳しく知ることができないので、その点がもっと改善されると自分なりの対策もできるし嬉しいです。

司会：今までTOPIKの勉強をしてきて、過去問は、64回以降は公開されていませんよね。ですが、勉強していくうちにいま公開されている過去問は全部解き終えてしまいました。また、最新の過去問を解くことができないため、最近の傾向などを知ることが難しいので、（64回以降の既出問題をまとめた）本を出版して欲しいです。もしそういった本が出版されれば、僕たちもその本を買って勉強することができるし、TOPIKの主催者側的にも売り上げが試験の運営などに役立ちお互いにwinwinではありませんか。ですのでぜひ検討していただきたいです。

先生：今日はこのように土曜日にもかかわらず投稿してきていろんな話しをしてくれ

てありがとうございました。これからも韓国語の勉強を続けて、それぞれが望む希望や目標を叶えることができるように願っています。では今日はこの辺でしめたいと思います。

司会：では最後にみんなで挨拶をしましょうか。今までご覧くださりありがとうございました。

4．TOPIKと高校生

　前述の話し合いに参加した生徒以外にもTOPIKに対する意見を聞いたところ、「聞き取りを2回入れてほしい」という意見があった。聞き取りは長時間に及び、後半になると疲れてしまうので、2回に分けてはどうかという意見である。そして、前述の話し合いでの意見と同様「点数だけでなく不正解の問題がどれかを知りたい」という意見や、「TOPIK2は午後なので、聞き取りと作文の間に休憩が欲しい」という意見があった。TOPIK2は3級から6級の問題が混ざっているため、初めて挑戦する人は自分の正確な実力や目指す級に適した問題のレベルが分からないので、「長い問題を見た瞬間、自信がなくなりました」という話もあった。54番のテーマについてはたくさんの意見があった。どうしても高校生は情報に乏しく、また興味を持ちそうなテーマではないので、書ける実力があるのにも関わらず、今まで考えた事がないテーマが54番で出てしまうと、書き出しが分からず諦めてしまう場合が多いということであった。そのため「高校生が興味を持って意見を述べる事の出来る問題を出してほしい」という意見があった。繰り返しになるが「過去問をもう少し公開して欲しい」という、過去問公開へのニーズが高い。

　「韓国語学習はどういった点が難しいか」という質問に対して、多くは「伸びが見えない」という考えを述べるが、「発音の変化が難しく字はわかるけど、発音が正しいのか自信がなく、発表したり読んだりしたりについては、ためらってしまう」という生徒もいた。また、「不規則動詞の活用や慣用句、尊敬語（が難しい）」など、文法事項に関する回答もあった。

5．成果と課題

　筆者は対馬高校に来て７年目になるが、TOPIK等の検定試験や大会で結構な成果を出しているので、その分、生徒の試験に対する意識も高まっていると感じる。国内の大学に進学する人も、韓国語を勉強するならば当然TOPIKを受けるものだと思い挑戦している。また、全体的な実力向上に伴い、生徒の目標も多様化している様に感じている。最初は趣味やドラマ、歌を理解したい、旅行したいというものが多かったが、最近は進学、留学、就職等、単に「韓国語を使える仕事」ではなく「どういった会社に入って、どこでどういう仕事がしたい」というはっきりとした目標が出てきている。

　一方で、指導に困難さを伴うこともももちろんある。まず、１年生は２学期10月のTOPIKの対策に重点を置いて課題をたくさん出しているが、検定試験は進学の際に必要なもの、いわゆる勉強というイメージがどうしても強く、学習に疲れてしまう生徒がいる。「歌等が好きで、入ったのに点数を取らなきゃいけない科目となり、こんなにたくさん課題が出るとは思わなかった」「ちょっと韓国語を嫌いになりました」という反応がくることがある。

　また、割と早い時期にTOPIKの上級を取得してしまう生徒がだんだん増えており、その後の目標をどうするかという課題もある。教師が学習指導を行っても「私は６級を取ったから終わりです」と言って、次の目標をみつけられないという状況が続いている。

　本学の３年生は国内進学、海外進学、就職とそれぞれ将来の路が異なるので、進路が決定する時期も様々である。その中で、国内進学や就職を希望している生徒はTOPIK取得の意味がないと思う傾向が出て来ている。１年生時に培った実力の伸びが期待される３年生のときに、授業への関心が薄れてしまい「頑張って３級を取ったし、国内進学だからここまででいいのではないですか」といわれたこともある。

　さらに、来年度からスピーキングが加わるという話になっているが、そのための主体的な学習時間がどうしても足りていない。これまではリーディング中心の学習で、（教員は２名いるので）１人あたり生徒15人以上の指導を担当することになる。普通の公立高校なので、授業に加えての検定対策となると時間的に足りず、来年からのスピーキング対策をどのようにしていくか、二人で頭を悩ませているところである。

　これからの課題としては、TOPIK取得だけではなくその後の事をも考えなければな

らないと感じている。TOPIKを取った後、社会でその活用法が増えてほしい。そうすれば、国内進学、就職組にも幅広い進路先を提示する事ができ、生徒たちに明確なビジョンを持たせることができる。明確なビジョンは、生徒たちの学習のモチベーションアップに繋がるであろう。当たり前の事だが、言語学習は目的ではなく将来の武器になる手段であるという意識づけから始めなくてはと考えている。

　最後に、授業の風景を紹介して終えたい。研修、文化体験、テコンドーや、伝統衣装の出張講義、ボランティア活動にもたくさん参加している。大使館の講師による出張講義も実施している。それ以外にも、色々な大学の先生をお呼びして出張講義をしている。本来は韓国の高校との交流もたくさんやっていたが、コロナで対面が難しくなり、数年前から全てオンラインでの交流となっている。学科の教育に興味をもたれた方は、オープンスクールを実施中なので、ぜひ検索されてください。本日は聞いてくださり、ありがとうございました。

2） 長崎外国語大学におけるTOPIK の運用事例

長崎外国語大学外国語学部 教授　朴 永奎

はじめに

　韓国語能力試験（以下、TOPIK）は10年前と比較すると世界で開催された国が38ヶ国から２倍以上の86ヶ国へ増え、受験者は10万人から37万人と４倍弱まで伸びている。日本においても、ほぼ毎年10％ほどの受験者の増加し、2021年にはCOVID-19禍の最中にも関わらず2019年と比較すると48％増加し、41千名という歴代最高の記録を更新した[1]。

　本稿は2022年７月16日、韓国教育財団と立教大学外国語教育研究センターが開催した「TOPIK FORUM」で発表した「長崎外国語大学におけるTOPIKの運用事例」原稿に最近のデータなどを付け加えた報告書である。専攻として韓国語が開講されている地方の小規模大学である長崎外国語大学における韓国語教育の状況及びTOPIK対応制度などの検討を通して、今後の日本内のTOPIKの安定化と受験生の拡大を模索するのが目的である。

1　韓国教育財団（2022）『TOPIKの手引き』、３頁。

1．長崎外国語大学における韓国語

（1）韓国語科目[2]

科目名	単位数	
	必修	選択
韓国語講読Ⅰ		1
韓国語講読Ⅱ		1
韓国語文法Ⅰ		1
韓国語文法Ⅱ		1
韓国語会話Ⅰ		1
韓国語会話Ⅱ		1
韓国語会話Ⅲ		1
韓国語会話Ⅳ		1
韓国語演習Ⅰ		1
韓国語演習Ⅱ		1
韓国語講読Ⅲ		1
韓国語講読Ⅳ		1
韓国語文法Ⅲ		1
韓国語文法Ⅳ		1
韓国語会話Ⅴ		1
韓国語会話Ⅵ		1
韓国語作文Ⅰ		1
韓国語作文Ⅱ		1
韓国語作文Ⅲ		1
韓国語作文Ⅳ		1
韓国語会話Ⅶ		1
韓国語会話Ⅷ		1
韓国語会話上級Ⅰ		1
韓国語会話上級Ⅱ		1
韓国語通訳演習Ⅰ		1

科目名	単位数	
	必修	選択
韓国語通訳演習Ⅱ		1
時事韓国語Ⅰ		1
時事韓国語Ⅱ		1
ビジネス韓国語Ⅰ		1
ビジネス韓国語Ⅱ		1
韓国語翻訳演習Ⅰ		1
韓国語翻訳演習Ⅱ		1
韓国語文献講読Ⅰ		1
韓国語文献講読Ⅱ		1
資格韓国語Ⅰ		1
資格韓国語Ⅱ		1
資格韓国語Ⅲ		1
資格韓国語Ⅳ		1
資格韓国語Ⅴ		1
資格韓国語Ⅵ		1
【任意科目】（注1）		
韓国語演習Ⅲ		1
韓国語演習Ⅳ		1
韓国語演習Ⅴ		1
韓国語演習Ⅵ		1
【韓国語能力試験科目】（注2）		
IPT Credits		4まで
【留学科目】（注3）		
韓国語特別実習Ⅰ・Ⅱ・Ⅲ・Ⅳ		各10まで

（注1）必要に応じて開講する。
（注2）韓国語能力試験による単位認定。その基準及び方法については別に定める。
（注3）留学中に修得した単位を認定する。留学科目及びその単位の認定方法については別に定める。

　韓国語の科目は1科目1単位制であり、1年次の際には主に文法、講読、会話、演習を春と秋学期に受講しているが、会話は2コマ制である。韓国語専修1年次は週5

2　長崎外国語大学（2022）『STUDENT GUIDE BOOK　学生要覧：2022』、103頁。

つの科目を春と秋に履修すると、10単位が取得できる。科目のうち、TOPIKと関連がある「IPT Credits」については後述する。

（2）クラス編成

　韓国語専修の１年次は４つのクラスで編成されている。クラス④はハングルをある程度自由に読む事が出来て、自己紹介等にも不自由が無いクラスである。既に入学前から独学や高校で学習した者、または、TOPIK２級以上を取っている学生が対象者である。こうした学生は韓国への留学を強く希望する傾向がある。

　クラス①は、ハングルの読み書きが出来、簡単な挨拶、自己紹介が出来るクラスで、韓国語初級レベルである。既に小学生の時からYouTubeや韓国の音楽などに接してきた経験主が多く、韓国語の聞く能力が優れているのが特徴である。だが、体系的な学習経験が少ないので基礎的な文法を中心に進めている。クラス②は大学に入ってから初めて韓国語を学習するので、韓国語の「カナダラ（日本語のあいうえお）」からスタートするクラスである。クラス③は、韓国語専修ではなく、教養科目として韓国語を履修する学生のためのクラスである。なお、秋学期においてはクラス①から④の学習成果を踏まえてクラス替えをするなどのクラスの再編成が行われている。

（3）語学検定対策

　語学検定対策の科目は韓国語科目のうち、［資格韓国語Ⅰ～Ⅵ］があり、TOPIKⅠは「資格韓国語Ⅱ」、TOPIKⅡは「資格韓国語Ⅳ」が集中講義として開講している。

　TOPIKは本学で毎年４月、７月、10月に実施されており、ハングル能力検定もポスターで案内されている。７月のTOPIKは受験の機会を増やす目的で2021年度から実施し、本学の学生を含む130名前後が受験している。年３回のTOPIKでの受験者は延べ約500名である。

　１年次においては７月と10月のTOPIKにチャレンジするように指導し、初めて韓国語を学習した学生にも10月までには少なくともTOPIK２級以上を取得するようにアドバイスしている。さらに、２年次からの海外派遣留学を目指している者には必ず２級以上を目指すようにしている。

　TOPIKの案内は学校のホームページ、manaba、ポスター、口頭などを用いる。ホー

ムページの案内は個人申込の形であるため、広報効果はあまり期待できないが、うち、manabaは大学で学習指導の方法として取り入れているシステムで、特にコロナ禍では大いに活用されていた。こうしたmanabaにTOPIKに関する試験案内を載せると自動的に全ての学生にメールが転送される。要するに個々の学生に学校からのお知らせが届くのである。だが、弱点もあり、あまりも多く情報が学生に流れているので、他のメールともに溺れ、学生がメールを確認しないという事もよくあることである。様々な案内の中でも最も広報効果が高いのは口頭での案内である。TOPIKが「10月なのに7月に申し込みが切れている」という学生の声が多いゆえに、申込期間中には直接口頭で申込を促すのが良い。

2．TOPIK結果によるインセンティブ

（1）飛び級

いわゆる飛び級で下記の規程による制度である。

「初習外国語既習学生の扱いに関する規程」
（目的）
第１条　この規程は、長崎外国語大学学則の第32条の規定に基づき、初習外国語既習学生の単位の認定等の扱いについて必要な事項を定める。
（認定）
第２条　１年次入学の学生のうち、ドイツ語・フランス語・中国語・韓国語履修希望者で、入学前に一定段階以上の語学力を有する学生については、初級相当の語学科目の履修を免除し、単位を認定する。
　　２　前項の一定段階以上の語学力とは、別表１に示す各言語の語学能力検定試験の取得あるいはそれに相当する学力を基準とし、語学力の判定は各専修の判断によるものとする。（中略）

　この制度は2015年10月から始まった。「第２条」のように１年次入学の学生のうち、入学前に一定段階以上の語学力を有する学生については、初級相当の語学科目の

履修を免除し、単位を認定するが、韓国語の語学力基準は「韓国語能力試験2級」、「「ハングル」能力試験4級」で、認定される単位は8単位である。

　1年次の科目が免除され2年次科目を2年生の先輩と一緒に履修する事も可能であるが、大学は勉強だけでなく色々な人間関係を作り上げる非常に大事な所でもあるので、いくらTOPIKが優秀だからと学生をいきなり2年次と一緒に勉強させる事によって、仲間づくりが全く出来ないというデメリットもある。したがって、最近はTOPIK2級以上、あるいは2級に相当する実力のある学生のために新しくクラス④が編成されているので、出来る限り飛び級学習は学生に勧めない。しかし、学生から申し込みがある場合は、規定によって認定したり、あるいは2年生科目を許可したりしている。

(2) 海外派遣留学先の優先的選択への配慮

　配慮の基準はTOPIK3級以上であり、一定の基準を満たしている学生には希望通りの留学先を優先的に配慮している。但し、留学先の位置、住居形態、文化、諸費用などを総合的に判断して上、留学先を決めている。

　本学の留学プログラムは次のとおりである。

	プログラム	留学期間	対象学年	単位認定	留学先国・地域	授業料
1	海外派遣留学プログラム	半年～1年間	2、3、4	有	アメリカ、カナダ、イギリス、ドイツ、フランス、ベルギー、中国、台湾、韓国　外	本学：納入 留学先：「交換、派遣、特別派遣留学」は免除
2	二重学位留学プログラム	2年間	3	有	韓国、中国	本学：納入 留学先：機関により異なる

　その他、海外の国際交流協定大学等で夏休み等の長期休暇期間中の2週間～1カ月程度、語学研修に参加するプログラムもある。

　まず、海外派遣留学プログラムは1年間あるいは半年間の留学プログラムで、留学先は本学と国際交流協定を結んでいる機関である。留学種別は派遣、交換、特別派遣、一般があり、詳細は以下の通りである。

留学種別	概　要	留学先大学授業料
派遣留学	毎年、一定の数の学生を派遣留学生として外国に派遣する。学業、人物共に優秀で留学の成果を十分にあげることができる学生を派遣留学生として選ぶ。	本学が支給
交換留学	学業、人物共に優秀な学生の中から、毎年学生を交換留学生として外界の協定校に派遣する。	免除
特別派遣留学	外国政府または民間機関の奨学金制度に基づき、奨学金を受けて派遣される。	免除
一般留学	派遣留学、交換留学に該当しない留学希望者は、この留学種別で留学が可能である。	本人負担

　諸留学の始まりは原則２年次からである。種別のうち、「交換留学」が全体の９割を占めており、派遣時期は毎学期の９月からで、概ね８月下旬頃日本から離れ、それぞれの留学先に向かう。２年次韓国語専修の場合、構成員の８割が１年間の交換留学生として韓国へ派遣されているが、韓国の受け入れ先の大学からはTOPIK２級〜３級以上語学力が求められている。ちなみに交換留学は留学先大学の学費は免除されるが、在籍している母校には学費を納める義務を負う。実際、学生は韓国での生活費のみを自分で負担しながら勉強できるシステムなので、本学としては積極的に取り入れている。さらに、日本学生支援機構からも「海外留学支援制度（協定派遣）」という奨学金制度があり、学生交流に関する協定等に基づき、派遣先大学等が受入を許可する者、派遣プログラム参加にあたり、必要な査証を確実に取得し得る者などがその対象者である。

　本学では毎年平均50人ぐらいが候補者となり、韓国の場合、毎年７万円ぐらいの給付型奨学金が支給される。なお、釜山外国語大学校、東西大学校、白石大学校、漢陽大学校、韓国外国語大学校、全北大学校、新羅大学校、啓明大学校、江陵原州大学校、朝鮮大学校、ソウル女子大学校、韓南大学校、ソウル神学大学校、忠北大学校、東国大学校、国民大学校、済州大学校、弘益大学校へ毎年１名あるいは２名を交換留学生として派遣している。

　次は、二重学位留学プログラムである。本学で２年以上勉強したのち、協定校に２年間留学し、留学先の卒業単位を満たすことによって、本学と留学先大学の両方の学位を取得することができるプログラムである。３年生の春学期以降からの留学となり、事前の準備や履修要件などの関係上、１年生の時から十分な準備を行うことが求められている。実際に１年次を対象に二重学位に対する意思などを確認し、個別の相談等

を早々に行っている。

　対象者は留学開始時期までに４学期以上在籍しており、64単位以上の単位を取得している学生である。韓国の派遣校は３校で、釜山外国語大学は留学前にTOPIK３級以上、あるいはそれに相当する語学力を有していることが条件である。朝鮮大学校と済州大学校は留学前にTOPIK５級以上の語学力が求められている。日本の大学が色々な国と二重学位の協定を締結しているが、実際に実績を残している大学が少ない。それに比べ、本学は毎年釜山外大に２、３名を派遣し、向こうからも同じ数の学生を受け入れているなどの実績を上げている。なお、朝鮮大学校と済州大学校には2024年度から派遣予定である。

　もう一つは二か国留学プログラムである。半年はアメリカの大学で勉強し、残り半年を学生が希望するヨーロッパ、中国、韓国で学習する制度であるが、一定の条件がある。

　留学期間１学期以上派遣先（韓国）をみると、2017年度交換14名、二重学位２名、2018年度交換22名と二重学位２名、2019年度交換27名、2020年度二重学位１名、2021年度交換38名、二重学位２名、2022年度交換27名、二重学位１名、2023年交換29名（８月予定）、二重学位３名である。留学期間（２～４週間）は2017年度19名、2018年度９名、2019年度12名、2021年度（オンライン）３名である。

　以上のように、「海外派遣留学プログラム」「二重学位プログラム」「二か国留学プログラ」に参加するためには語学力としてTOPIKが求められており、学生自身が希望する留学先大学へ派遣されるにもTOPIKが暗黙的に考慮されている。

（3）韓国の教育部と日本の文科省による「韓日共同高等教育留学生交流事業」

　「韓日共同高等教育留学生交流事業　学部１年課程」制度で合格すると、韓国国費留学生となる。奨学金として入・出国航空運賃、定着支援金、登録費、生活費（月約９万円）、保険料、帰国準備金が１年間支給される。但し、この制度は日韓大学間のMOU（協定書）締結済み大学がその対象である。TOPIK３級以上がその条件であるが、本学としては５級以上、GPA３以上の学生を推薦し、2020年４名、2021年18名、2022年３名、2023年２名など、延べ27名が韓国国費留学生として留学済・中である。

　「韓日共同高等教育留学生交流事業　修士・博士学位課程」制度で、合格すると韓国

　国費留学生となる。奨学金として入・出国航空運賃、定着支援金、予備教育授業料、登録費、生活費（月約12万円）、保険料、論文印刷費、帰国準備金が３年間支給される。TOPIK５級以上がその条件であるが、本学としては６級以上、GPA3.5以上の学生を推薦し、2023年現に２名の卒業生が韓国の修士課程に在籍している。

　2023年韓国政府機関である国立国際教育院「2023韓日共同高等教育留学生交流事業学部短期課程（＝韓国短期研修）」にも本学としては６級以上、GPA3.5以上の学生を推薦し、2023年現に７名（釜山外大５名、啓明大２名）が８月から研修に参加した。

（4）語学到達目標達成奨励金

　以下の細則と規程によるが、TOPIKの場合は、TOPIK２級3,000円、TOPIK３級5,000円、TOPIK４級7,000円の現金が支給される。

［長崎外国語大学保護者会　学生奨励金制度運営細則］
（語学教育における到達目標達成に伴う申請）
第３条　語学教育における到達目標達成に伴う学生奨励金（以下「目標達成奨励
　　　　金」と言う。）の申請は、学期単位で行うこととする。

［長崎外国語大学　語学目標到達支援委員会規程］
（審議事項）
第２条　委員会は、次に掲げる事項を審議する。
（1）　語学目標到達支援に関すること
（2）　語学検定試験の受検奨励および結果に関すること
（3）　その他必要な事項

授与基準は次の通りである。

	基準① （3,000円支給）	基準② （5,000円支給）	基準③ （7,000円支給）
英語	・TOEIC　520	・TOEIC　580	・TOEIC　620
ドイツ語	・ドイツ語技能検定試験　5級	・ドイツ語技能検定試験　4級 ・ゲーテ・ドイツ語検定試験　A1 ・オーストリア政府公認ドイツ語能力検定試験 A1	・ドイツ語技能検定試験　3級 ・ゲーテ・ドイツ語検定試験　A2 ・オーストリア政府公認ドイツ語能力検定試験 A2
フランス語	・実用フランス語技能検定試験　4級	・実用フランス語技能検定試験　3級 ・DELF　A1	・実用フランス語技能検定試験 準2級 ・DELF　A2
中国語	・中国語検定試験 準4級 ・HSK　2級	・中国語検定試験　4級 ・HSK　3級	・中国語検定試験　3級 ・HSK　4級
韓国語	・ハングル能力試験　4級 ・韓国語能力試験　2級	・ハングル能力試験　3級 ・韓国語能力試験　3級	・ハングル能力試験 準2級 ・韓国語能力試験　4級

（5）語学の達人制度

　本学では、各種語学検定試験に合格した学生を対象に「語学の達人」制度を設けて表彰している。合格レベルに応じて「学長奨励賞」と「学長特別奨励賞」がある。TOPIK 5 級は学長奨励賞が、TOPIK 6 級には学長特別奨励賞が表彰される。募集は春学期と秋学期にそれぞれ 1 回ずつ行い、9 月、3 月の卒業予定者のみを対象とした募集をそれぞれ 1 回行う。募集時期は春学期が 4 月下旬〜 5 月中旬頃、秋学期は11月中旬〜11月下旬頃である。

	検定名	学長奨励賞	学長特別奨励賞
英　語	英検	——	準1級
	TOEIC LR	630	750
	TOEIC SW	230	310
	TOEFL iBT	71	83
	IELTS	5	6
	ケンブリッジ英検	KET 以上　160	PET 以上170

	検定名	学長奨励賞	学長特別奨励賞
日本語	日本語能力試験	N1（150点以上）	N1（165点以上）
ドイツ語	独検	2級	準1級
	Goethe-Zertifikat	B1	B2
	Test DaF	――	TDN3
	ÖSD	B1	B2
フランス語	仏検	2級	準1級
	DELF	B1	B2
中国語	中検	2級	準1級
	HSK漢語水平考試	筆記試験6級 （180点以上240点未満）	筆記試験6級 （240点以上）
韓国語	韓国語能力試験	5級	6級
	ハングル能力試験	2級	1級

　TOPIK基準による2019年度奨励賞2名、特別奨励賞3名、2020年度奨励賞3名、特別奨励賞6名、2021年度奨励賞7名、特別奨励賞9名、2022年度奨励賞15名、特別奨励賞15名が表彰されており、年々増加傾向である。

（6）単位認定

　韓国語科目のうち、「IPT Credits」は最大4単位まで認定される。TOPIK5級2単位、TOPIK6級2単位として認定される。詳細は以下の通りである。

	ドイツ語	フランス語	中国語	韓国語
A群	独検2級	佛検2級	中検	TOPIK5級
	ZD B1	DELF B1	HSK 6級 （180点以上240点以下）	ハングル検定2級
B群	独検準1級	佛検準1級	中検準1級	TOPIK6級
	ZDfB/Daf B2	DELF B2	HSK 6級（240点以上）	ハングル検定1級
	Test Daf B2			

　A群で1言語、1検定、2言語までそれぞれ2単位が認定される。例えば、TOPIK5級で2単位として認定されるが、同じ言語であるハングル検定2級に合格しても認定されない。但し、その他言語で合格すると2単位が認定される。また、A群のTOPIK5級とB群のTOPIK6級を合格するとそれぞれ2単位ずつ合計4単位が認定される。

B群のTOPIK６級合格後、A群のTOPIK５級の場合は２単位のみであるが、B群の
TOPIK６級合格後、同じ独検２級の場合はそれぞれ２単位である。

　このように、TOPIK５級以上に合格すると、学長奨励金や学長特別奨励金の授与、
４単位認定があるので、学生のモチベーションが上がる効果がある。

おわりに

　夏の長期休み期間中に韓国の梨花女子大の短期語学研修に学生が参加する。これま
では協定校の夏と冬の短期語学研修に各自で参加してきたが、2023年度からは韓国
語専修１年次を中心とし、その他言語の学生も参加できるようにして大学が引率して
参加する。入学して間もないうちに短期語学研修に参加する１年次にとっては２年次
からの留学事前準備を兼ねた研修でもあり、自身の韓国語レベルを試せる機会でもあ
る。研修後、自身の学習成果や状況を鑑みれば学習へのモチベーションが向上すると
思われる。

　連携大学の質の高い教育を多くの学生に受けさせるためには交換留学の質の変化が
求められる。本学もこれまでの単なる語学留学やスタディーツアーにとどまらず連携
大学の学部への留学に変え始め、留学先の多様化と教育の質の担保に努めている。留
学中に質の高い教育を受けるのに欠かせないものが語学力であり、その語学力を備え
付けるようにさまざまな環境の整備やインセンティブ制度で対応している。韓国にお
ける協定校の多様化と派遣の安定化を図るため、済州道も含む全ての地域の大学と締
結し、特に国立大学との締結にも力を入れているのがその例でもある。その上、今後
は二重学位の制度を拡大して、「国際教育・交流」に関して学生が主体となって企画・
立案することができるような人材養成に努めたい。

3) TOPIKの取得と就職

近畿大学国際学部 准教授　**酒匂 康裕**

はじめに

　ある外国語の学習を始めた後、一定の語学力の向上が見られると学習者は学習成果や実力の確認、進学や就職、また、昇格や昇任を目的として語学の検定試験を受験することがある。英語の場合、これらの目的に大きく関連する検定試験としてTOEICが代表例として挙げられる。一般財団法人国際ビジネスコミュニケーション協会によると、1979年の同試験の開始以降、2021年度には年間約212万人が受験したという[1]。

　韓国語の場合、韓国語能力試験（以下、TOPIK）は1997年の開始以降、日本国内における受験者数が2021年に4万人を超えたという（公益財団法人韓国教育財団 2021: 2）。このTOPIKの試験結果は、大学の教育課程の運営、奨学金支給、留学や就職など幅広く活用されている[2]という。韓国語学習者の就職活動や企業の採用活動の場面において、採用情報内の応募条件に語学力の提示があることから何らかの形で活用がされていることは推測ができる。しかし、韓国語学習者がTOPIKの取得後、就職や転職活動の場面にて、また企業等において採用や昇格にいかに活用されているのか、具体的に活用された事例等の報告例が見受けられない現状であると言えよう。これまで、TOPIKに関する研究としては、既出問題に使用された語彙の分析に関する강현화，홍혜란（2015）、過去のTOPIKの実施内容が詳細に記録された김정숙（2017）、TOPIKの学問目的使用に関する妥当化について述べられた박수현（2019）等の研究があるが、就職との関連に直接言及された内容は少ないようである。

　そこで、本稿では韓国語学習者がTOPIKの受験後、所持級やスコアを就職時にどのように活用しているのか、また、企業においてTOPIKがどのように活用されているの

1　一般財団法人国際ビジネスコミュニケーション協会ホームページ「TOEIC® Programの理念 ― TOEIC® Programの歴史一」参照
2　公益財団法人韓国教育財団ホームページ「試験概要」参照

か、これらの現状の把握と報告を行うことを目的に述べていく。

　現状の把握に向けて筆者が韓国語学習者と企業にアンケートおよびインタビューを実施したが数に限りがあるため、限られた一事例となる点は否めない。しかし、これらの把握が今後、TOPIKの取得と就職に繋がる基礎的な調査となるであろう。

　なお、本稿は2022年7月16日にTOPIK FORUMにて筆者が口頭にて報告した内容を本白書作成のために修正・加筆をおこなったものである。

1. 韓国語学習者のTOPIK取得と就職への活用

1.1. 韓国語学習者対象アンケート

1.1.1. 実施概要

　本アンケートは上述の通り韓国語学習者がTOPIKを受験した後、その級やスコアを就職にどのように活用しているか、またしてきたかにつき実態を把握するために実施したものである。

　アンケートの対象は調査目的に適切と判断される韓国語学習経験があり、且つアンケート実施時に企業等に勤めている社会人である。また、アンケートの実施にあたり筆者の勤務する大学の卒業生のほか、幅広い回答を得るためにこの卒業生と同じ職場に通う同僚、また韓国への留学経験のあるコミュニティ等への呼びかけにより調査協力者[3]を募った。

　アンケートの実施期間は2022年6月1日から7月6日までであり、アンケートは上記方法により募った調査協力者を対象にGoogleフォームを用いたオンラインによる回答を依頼した。アンケート内容は年代やTOPIK有効級の所持、勤務している企業等の名称（任意回答）や業種と職種、就職時のTOPIKの級やスコアの提出有無等、合計16項目である。本稿末に資料1としてアンケート内容を添付する。

1.1.2. 分析対象

　上記の方法によりアンケートを実施した結果、約1ヶ月の間に98名から回答が得ら

3　本稿においてはアンケート及びインタビューへの回答者を調査協力者として呼ぶこととする。

れた。いずれの回答内容も有効な内容であったため、98名分全てを分析対象とする。

　内訳は下記の〈表１〉の通りであり、調査協力者の半数以上が20代の女性である。年代の回答項目に50代以上の選択肢も設けたが、今回は調査協力者に含まれなかった。40

代以下の回答であったのは、TOPIKが最初に実施された1997年当時に現在の40代が20代であったことが多少なりとも関連しているものと思われる。

〈表１〉アンケート調査協力者の年代及び性別

	20代	30代	40代	総計
女性	64名	16名	5名	85名
男性	6名	2名	4名	12名
回答しない	1名	0名	0名	1名
年代別計	71名	18名	9名	98名

　また、調査協力者のTOPIK有効所持級については〈表２〉の通りである。現在は所持していないが、過去に所持したことがある回答が最も多かったのは、社会人になる前に所持していたTOPIKの有効期限が満了となり、社会人となった後に何らかの理由によりTOPIKの受験がされていないことが推測される。

〈表２〉TOPIK有効級所持の有無

回答内容	人数
なし（過去に所持したことがある）	46
あり（6級）	22
なし（受験したことがない）[4]	16
あり（5級）	8
あり（4級）	3
あり（2級）	2
あり（3級）	1
計	98

1.1.3. アンケート内容及び結果

　上項に続き、調査協力者に現在勤務している企業等が韓国系（本社等が韓国に所在）であるかについて尋ねたところ、約２割が該当するとの回答があった〈表3-1〉。以降はこの回答枠を基準とし、就職活動や業務遂行に関連し、TOPIKとの関わりについてまとめていくこととする。

〈表3-1〉勤務先が韓国系企業であるかについて

回答内容	人数
いいえ[5]	74
はい	24
計	98

　なお、〈表3-1〉にて韓国系企業であると回答した24名のTOPIK所持級の内訳につ

4　後述するアンケート項目に職場における業務とTOPIK所持の関係性についても尋ねる項目があるため、TOPIKの受験歴がなくとも分析対象に含めている。
5　本回答の次項に任意で企業名の記入欄を設けたところ、「いいえ」の回答に米国系企業との回答も含まれていた。

いては次の〈表3-2〉となり、受験
経験が多く比較的高い級を所持して
いる傾向にあると言えよう。

　次に、現在の勤務先への採用時の
形態を新卒採用と中途採用の二つの
ケースについて分けて尋ねた。その
結果、〈表4〉の通り韓国系企業につ
いては中途採用の割合が高く、その

〈表3-2〉韓国系企業勤務者のTOPIKの所持級

所持級	人数
6級	9
5級	2
2級	1
なし（過去に所持したことがある）	9
なし（受験したことがない）	3
計	24

他企業については新卒採用の割合が高い回答となった。韓国系企業の場合、各種求人
サイト[6]にて求人検索をすると中途採用の募集が多く見受けられ、本項の回答とも関
連があると思われる。

　また、〈表4-2〉に勤務年数への回答内容を提示する。なお、本アンケートでは調査
協力者が勤務する企業等の業種や本人の職種についても尋ねたが、全体的な傾向は見
られず多様な回答があった。そのため、表による提示は紙幅の都合上省略し、参考資
料1の回答項目を参照願いたい。なお、業種や職種の回答内容については後述する調
査協力者からの記述内容を提示する際の参考として提示する。

〈表4-1〉現勤務先入社時の採用形態

	新卒採用	中途採用
韓国系企業	7名（29.2%）	17名（70.8%）
その他企業	44名（59.5%）	30名（40.5%）

〈表4-2〉勤務年数

勤務年数/採用形態	韓国系企業		その他企業	
	新卒採用	中途採用	新卒採用	中途採用
1年未満	2名	5名	4名	8名
1年以上3年未満	2名	2名	19名	11名
3年以上5年未満	0名	2名	4名	5名
5年以上10年未満	1名	3名	14名	6名
10年以上15年未満	2名	2名	3名	0名
15年以上	0名	3名	0名	0名

6　一例としてJOB JAPAN（https://jobjapan.jobtogether.net）等がある。

　続いて企業等におけるTOPIKの扱いにつき、いくつかの項目に分けて尋ねた結果を提示する。

　まず、調査協力者が現在勤務する企業等への就職活動にて履歴書等を提出した際に、TOPIKの級・スコアの提出を求められたかについて尋ねたところ、〈表5〉の回答となった。

〈表5〉履歴書提出時のTOPIK級・スコアの提出有無

韓国系企業		その他企業	
回答	人数	回答	人数
いいえ	16名（66.7%）	いいえ	69名（93.2%）
はい（3級以上）	2名（8.3%）	はい（4級以上）	1名（1.4%）
はい（5級以上）	3名（12.5%）	はい（5級以上）	1名（1.4%）
はい（6級）	3名（12.5%）	はい（6級）	3名（4.1%）
計	24名（100%）	計	74名（100%）

　今回の回答では韓国系企業においても半数以上が求められず、またその他企業についてはほとんど求められていないことが分かる。これは、次の〈表6〉の通り調査協力者が現在勤務している企業等にて、TOPIKの級・スコアが昇給や昇進、勤務評価等のインセンティブの条件としてもほとんどが設定されていないことを合わせると、企業等においてTOPIKが何らかの形で積極的に活用されているとは言い難い現状であると言えよう。

〈表6〉TOPIKの級・スコアとインセンティブ

韓国系企業		その他企業	
回答	人数	回答	人数
いいえ	22	いいえ	74
はい（5級）	1	はい	0
はい（6級）	1	計	74
計	24		

　そして、業務とTOPIKの関連性として、調査協力者が普段の業務において使用している韓国語のレベルはTOPIKの何級以上が必要であるかについて回答を求めたところ〈表7〉の通りであった。韓国系企業での勤務には5級以上が求められており、その他企業では必要ないという回答が約半数を占めた。上述の通り、企業側より入社時の条件としてTOPIKの取得級の提示が求められたり、インセンティブとして級やスコアが求められることは多くなくとも、実際の業務を遂行する上では一定程度の韓国語

のレベルが求められている実情があると言えよう。

〈表7〉 普段の業務に必要なTOPIKの級

韓国系企業		その他企業	
級	人数	級	人数
1級以上	1名 (4.2%)	1級以上	1名 (1.4%)
2級以上	3名 (12.5%)	2級以上	0名 (0%)
3級以上	0名 (0%)	3級以上	2名 (2.7%)
4級以上	4名 (16.6%)	4級以上	2名 (2.7%)
5級以上	10名 (41.7%)	5級以上	6名 (8.1%)
6級以上	6名 (25%)	6級以上	11名 (14.9%)
計	24名 (100%)	必要ない	39名 (52.6%)
		無回答	13名 (17.6%)
		計	74名 (100%)

　次にTOPIKの領域（聞取り、読解、筆記）のうち、業務遂行に最も必要と思われる領域について尋ねたところ〈表8〉の回答があり、いずれの場合でも聞き取り能力が必要とされていることが分かる。

〈表8〉 業務遂行に必要と思われる領域

韓国系企業		その他企業	
領域	人数	領域	人数
聞取り	14名 (58.3%)	聞取り	28名 (37.8%)
読解	6名 (25%)	読解	11名 (14.9%)
筆記	3名 (12.5%)	筆記	1名 (1.4%)
分からない	1名 (4.2%)	分からない	19名 (25.7%)
計	24名 (100%)	無回答	15名 (20.3%)
		計	74名 (100%)

　上記の回答に対する理由を自由記述形式にて求めたところ、次のような回答が得られた。これらを以下の〈表9〉にて領域別に分類し、回答末尾に調査協力者の職種とTOPIKの取得状況も記すこととする。韓国系企業の場合、本社との連絡が業務の一環として行われているケースが見受けられ、その他企業においては対外的な連絡を行う際に必要とされることが見受けられるが、いずれの回答内容も調査協力者が日々行う業務により必要とされる韓国語能力も多様であることが分かる。

〈表9〉 領域別理由

	韓国系企業	その他企業
聞取り	・電話などで韓国語でやり取りする機会が多いので、まず内容を聞き取れなければ業務が難しい為（その他、5級所持） ・お電話を頂いた際に瞬時に理解する必要があるため（事務職、6級） ・韓国本社の担当者と電話でやりとりをする際全て韓国語なので一番必要かなと思いました。読解や筆記も必須ですが調べながらでも可能なため（企画職、6級）	・お客様と電話でお話をするため、聞き取りの能力が必須なので（営業職、6級所持） ・韓国人のお客様がご来店されたときに、聞き取りが必要なため（営業職、過去6級所持） ・本当に必要な項目は会話能力ですが、TOPIKにスピーキングがないので、一番近いものを選びましたが、リスニング能力だけでは業務遂行は難しいと思います（事務職、6級所持）
読解	・韓国本社とのやりとりにて（事務職、6級所持） ・韓国の情報を理解し正確に日本のお客様に伝える必要があるため（事務職、過去所持） ・会話よりメールでのやり取りが多くなってきている傾向があり、聞き取りも重要だと思いますが読解を優先させました（営業職、5級所持）	・資料の速読の読み取りが企業では大事だと思うから（サービス職、過去所持） ・翻訳業務があるため（事務職、5級所持） ・所属チームに韓国語ネイティヴがおらず、自身が韓国語製品の唯一の担当者であるため。ネイティヴレベルで韓国語を扱えることが望ましいと思われる（技術職、過去6級所持）
筆記	・韓国語でのメールやりとりが多いため（事務職、過去所持） ・取引の重要な事項に関してはメール、文書でのやり取りで行われるため正しく誤解の起きない文章を書くことが求められる（営業職、6級所持）	・主としてメールで連絡をする時に韓国語を使うため（事務職、過去所持）

　実際の業務を行う上で領域別の必要性を尋ねたが、続けてTOPIKの級・スコアの所持は、現在の業務を行ううえで必須と考えているかについても尋ねたところ、次の〈表10〉の回答が得られた。企業の種類により傾向が大きく異なるが、「いいえ」「分からない」が一定数いることは業務遂行にTOPIKの取得は直接的な関連は薄いものと思われる。

〈表10〉 業務遂行とTOPIK取得の必要性

韓国系企業		その他企業	
回答	人数	回答	人数
はい	10名（41.7%）	はい	2名（2.7%）
いいえ	5名（20.8%）	いいえ	50名（67.6%）
分からない	9名（37.5%）	分からない	8名（10.8%）
計	24名（100%）	無回答	14名（18.9%）
		計	74名（100%）

さらに、上記の回答に対する理由を自由記述形式にて求めたところ、次のような回答が得られ、以下〈表11〉として提示する。韓国系企業、その他企業に限らず客観的な語学能力として証明が可能であると評価される面も見られるが、語学力よりも業務

〈表11〉必要性に対する理由

	韓国系企業	その他企業
必要	・TOPIKは韓国国内でもどの程度韓国語を学んだのかの具合を証明できるものになると思います（その他、過去所持） ・語学力が高いに越したことはない（事務職、過去所持） ・TOPIKの有無は必須ではなかったですが韓国語能力が高い人を求めていたので、書類選考をするにあたってTOPIK6級を持っている事により客観的な信頼を与えることができ、選考にかなり影響があったのではないかと考えるからです（企画職、6級所持）	・ネイティブではないので、自身においてもレベル判断の基準となる。（サービス職、5級所持） ・韓国語を教えるから。（教員、過去所持）
不必要	・資格がなくても韓国語を話せるなら問題ないと思うから（クリエイター・クリエイティブ職、過去所持） ・TOPIKのスコアがどれだけあっても、業務の評価は、通常の業務成果を基に評価されるために、業務を行うためにスコアは必須ではないと考えます（スコアというよりも、実際にどれだけ実用的に韓国語を使えるのかという方が重要だと考えます）（技術職、6級所持）	・韓国人のお客様はあまりいらっしゃらないから（営業職、過去所持） ・採用側は韓国語ができる人を採用したいということで、目安までに募集要項にTOPIKのスコアを提示していましたが、採用側はTOPIKについて全く認識しておらず、実際に業務に必要な韓国語能力は、提示されていたスコアと全く異なるものでした。実際、韓国語が必要な職種では、採用時に別途語学試験や韓国語面接があり、その結果で採用の可否を判断しています。日本企業でのTOPIKの認知が低く、正しく認知されていない以上、日本企業での就職の採用時のTOPIKのスコアは意味をなしていないが現状かと思います（事務職、6級所持） ・資格を重要視する企業ではなく、資格はなくともそれに相応する能力があれば評価してもらえるから（販売職、過去所持） ・業界用語を使用することが多いので、文法をどれだけ知っているかなどよりも、業界用語への理解の有無が業務につながると思うため（事務職、5級所持）

遂行能力を重視するコメントも見られる。また、その他企業においてはTOPIKに対する十分な認識や理解がされていないと思われるコメントもある。

　アンケートの最後に就職や転職時におけるTOPIKの活用方法、また業務と韓国語能力の関係等について、意見を求めたところ多くの回答が得られたが一部抜粋して〈表12〉として提示する。

〈表12〉自由記述回答

韓国系企業	その他企業
・現職と前職含め、どちらもある程度韓国語に触れる会社です。前職は日本語のできない韓国人とやりとりすることがほとんどだったので、必要性をかなり感じましたが、現職はほとんど日本語でのやり取りのため、言語上では困らないことが多いです。ただ、韓国人と円滑に業務を行う手段の一つとして、その人の母国語が話せると、話せない方と比べて利点にはなると思うので、韓国人と働きたい方はTOPIKはその基準として持っていて損はないと思います。（その他、6級所持） ・TOPIKを受験していないだけで、上手に会話をされる方もいるが、自身のレベルの指標として必要ではないのではないかと思う。（サービス職、6級所持） ・留学をしていた、国内で勉強していた、を問わず入社前は特にTOPIKはある程度は指標になるので必要だと思います。入社後はTOPIKの級に関わらず、実際の韓国語運用能力は人によって異なることが見えるので、これはどの外国語でも共通することになりますが、級は関係なく引き続き個人努力が必要になると思います。（その他、過去所持）	・就活の時に韓国に工場がある企業で韓国語ができるなら面接に来てほしい、韓国工場の生産管理をしてほしいと言われたことがあります。また韓国市場が強いグループ会社の人事担当から、新しく手当対象資格を検討するときにハングル能力試験とTOPIKどっちがいいか意見を求められ、TOPIKの方がTOEIC、ハングル能力試験は英検みたいなものと伝えたこともあります。韓国と繋がりがある企業であれば重宝されると思います。（事務職、4級所持） ・韓国系企業ではないですが一般企業で新卒採用を担当しているものです。最近の学生さんは非常に優秀で、TOPIK高級を取得している方も多く、勉強熱心だなと感じます。しかしTOPIKに限ったことではないですが、TOEICしかり、資格を取ってそれで終わりという子もなかにはおり、その後業務で使用できるビジネスレベルかと言われればそうではないと思います。「知っている」も大切ですが、「できる」ようにすることもビジネスで活用するにはさらに大切だと思います。採用の目安として級は必要ですが、その後活用できるためには本人のやる気も重要ですが、企業側の語学支援も今後の課題として捉えています。（事務職、4級所持） ・TOPIKに関する知識がない方には1級が初級、6級が最上級であることを説明する必要があるのがやや煩わしい。過去に6級を取得した経験があり読解は問題ないが、会話はネイティヴレベルではないことを会社側にも伝えている。（技術職、過去所持）

1.2. 韓国語学習者対象インタビュー

1.2.1. 実施概要

　本インタビューは1.1.にて実施したアンケートに記しきれなかった内容を補足するため、また聞き取りを通じてより多面的な回答を得ることを目的に実施したものである。上述のアンケートに回答した調査協力者のうち6名（韓国系企業3名：A〜C、その他企業3名：D〜F）より協力を得ることができた。インタビューは半構造化に準じた形式により、2022年6月に対面形式の1:1にて行い、1人につき約60分実施した。

1.2.2. インタビュー内容及び結果

　インタビューに先立ち実施したアンケートと関連し、次の①から⑤について尋ねたが、インタビュー時に得た企業名や個人名、業務内容と関連する事項については明記を避けることとする。また、インタビューにて得た回答内容は、アンケートに記載された内容を補足する範囲に限り記すこととする。

　①今の仕事に就く際、TOPIKの点数が役立ったと思いますか。
　②昇進や昇給においてTOPIKの点数が求められていますか。
　③TOPIKを継続して受験する必要性を感じていますか。
　④TOPIK取得に向けて学習した内容が現在の業務に活かせていると考えますか。
　⑤業務遂行時に韓国語を使う場面について教えてください。

　まず、①につき、韓国系企業に勤める調査協力者Aは、履歴書等の提出時に級やスコアの提出が必須事項として求められず任意による提出であったと言うが、「面接時に面接官がTOPIKへの認識があったためか、級以外にもスコアや領域についても言及があった」という回答からすると、少なくともTOPIKが参照されたと言えるであろう。一方、その他企業に勤める調査協力者Eの場合「面接時にTOPIKについて説明を求められた」ことがあると言い、TOPIKに対する認知度が高くないことが分かる。

　また、②については韓国系企業にて求められている事例があることが分かった。調査協力者Bが勤める企業では昇進の必須条件として職級によりTOPIKの所持級が定められ、必須条件以上の級を所持している場合は加算点として扱われているとのことで

あった。韓国系企業においてはこのような事例が他にもあると推察できる。

　そして、③については韓国系企業に勤める調査協力者Cによると、「級やスコアの所持がなくても韓国語が話せて活躍している社員が一定数いて、業務ができている以上は受験の必要性は特に感じていない」と言う。第一線で業務に当たる実情が反映された発言であると言えよう。

　④については調査協力者A〜Cいずれも韓国語の実力向上のための勉強にはなったが、業務に直接的な関連がないとした点で共通点が見られた。TOPIKの出題内容のうちビジネスシーンに特化された設問があれば社会人にとっても有意義な内容になると考えられる。

　⑤の場合、韓国系企業では勤務中に常に韓国語が使われる状況が多くある一方、その他企業に勤める調査協力者Dは対顧客時には韓国語を用いることがあり、社内では日本語が基本であるとのことだった。

　このように、日常における業務遂行上、TOPIKが意識されることは多くなく、就職活動や昇任・昇格等、ある節目において語学力の目安や基準として参考にされることがあるものの、TOPIKが主となることは多くない現実があると言えよう。

2.　企業におけるTOPIKの活用

2.1. 企業対象アンケート

2.1.1. 実施概要

　本アンケートは1.のアンケートとは別途、企業においてTOPIKが採用時等にどのように活用されているのか、またどのような認識が持たれているのか、1.と同様実態把握のために調査を行ったものである。

　アンケートの対象は主に韓国と業務等の面において何らかの関連のある企業であり、筆者の依頼、及び関係者からの呼びかけ応じた企業を対象に実施された。

　アンケートの実施期間は2022年6月の約1ヶ月間であり、アンケートは調査協力者が作成したGoogleフォームによるオンライン、及び同内容が記載されたファイルへの記載による回答を依頼した。回答は企業の代表、または人事関連の業務担当者が行い、アンケート内容は採用応募条件にTOPIKの級・スコアの提出有無や採用時の

TOPIKの重視度等、合計10項目である。本稿末に資料2としてアンケート内容を添付する。

2.1.2. 分析対象

　上記の方法によりアンケートを実施した結果、約1ヶ月の間に9企業から回答が得られた。いずれの回答内容も有効な内容であったため全てを分析対象とする。

2.1.3. アンケート内容及び結果

　回答企業数は9企業と限定的であるが、企業ごとに様々な形態がある。従業員数は10名以下が4企業、11名以上100名以下が2企業、101名以上200名以下が3企業であった。そのうちの日本人（韓国語学習経験のある人）の人数については4企業より回答があったが、半数程度や3分の1程度の人数であった。また、従業員のうち新卒採用と中卒採用の比率については、企業により様々な回答があったため、詳細については省略することとする。

　採用応募条件にTOPIKの級・スコアの提出を求めているかについては、いずれの企業も「いいえ」との回答であった。そのため、新卒採用と中途採用にTOPIKの級・スコアに差を置いているかに対する回答はなかった。

　続いて、採用時にTOPIKは他の項目と比べるとどの程度重視しているかについては、「参考程度にしている」1企業、「あまり重視していない」4企業、「全く重視していない」3企業があり、今回実施したアンケートに回答のあった企業からはTOPIKが重視されていない傾向が見られた。そのためであろうか、TOPIKの所持級・スコアによるインセンティブの有無についても「なし」との回答のみであり、「なし」の理由については、「日本での仕事であるため」「日本でシステム作業をする韓国人が多くいるため」「今のところ、海外の貿易はないため」との回答があった。そして、今後のTOPIKの所持級・スコアによるインセンティブ導入計画について尋ねたところ、いずれも「なし」との回答であった。

　また、語学力の高さと業務遂行能力に関係性があると思われるかという問いについては、「ある」が6企業あり、「大した差はない」、「特に無い」がそれぞれ1企業ずつあり、1企業からは回答がなかった。

　最後にTOPIKが企業において活用されるための意見を自由記述方式で回答を求めたところ、「今後は日韓関係がよくなり貿易並びに様々な部分で活発になるといいです

ね」、「韓国語は若い人には興味があるみたいですが、仕事までは繋がらないのが現状です」、「テストスコアの信頼度とブランディング」の記述が見られた。3回答のうち、後半の2回答はTOPIKに関する現状が反映された記述であると言えよう。

　企業側、すなわち採用する立場からの回答としても、韓国語学習者側の回答と一致するように、TOPIKに対する重要性や認識が高いとは言えない状況であると思われる。

2.2. 企業対象インタビュー

2.2.1. 実施概要

　本インタビューは2.1. にて実施したアンケート（資料2）と同項目を用いて直接聞き取りを行うことにより、可能な限り詳細な回答を得ることを目的とし、上記のアンケートに回答をしていない3企業（G社、H社、I社）を対象に実施したものである。3企業のうち2企業（G社、H社）は韓国に本社がある韓国系企業であり、1社（I社）は韓国と関連した業務を行う日本の企業である。インタビューは半構造化に準じた形式により、2022年6月に対面形式にて行い、1社につき約60分実施した。

2.2.2. インタビュー内容及び結果

　インタビューに応じたG～Iの企業はいずれも10名程度の規模であり、社員の半数以上が日本人であるとのことであった。新卒採用と中途採用の比率については企業により状況が異なる回答であったが、韓国系企業の場合、特に枠を設けずに募集をしているため、応募者が採用に繋がった結果により比率が変わるとのことであった。

　そして、採用応募条件にTOPIKの級・スコアの提出の義務についてはI社では以前、1年程度の韓国留学経験者を一つの目安としていたが、現在ではTOPIK5級以上を提示しているものの、「ビジネスレベルでは6級が求められるであろう」との回答があった。G社とH社については特に条件としては設定していない[7]ものの、応募者の大部分が6級であることを履歴書等に記載してくると言う。なお、新卒採用と中途採用に詳細な級や点数の差ついては設けていないとのことであった。また、採用時に他の項目に比べ、TOPIKをどの程度重視しているかについては、G社では評価項目全体の10％程度、H社では基準としては設けてあるものの、関心や業務能力を重視している

7　G社の職員募集案内には「韓国語堪能な方優遇」と表記がある。

傾向にあるとのことであった。 I 社の場合、TOPIKは参考としながらも留学経験の有無をより重視するとの回答があった。これは、TOPIKの場合、日本国内にいながらでも級の取得は可能であり、業務遂行時においても韓国での生活経験の有無が左右されるためであると言う。

　続いて、TOPIKの所持級・スコアによるインセンティブの有無と具体例についてはいずれも「なし」との回答であった。「なし」の理由や今後の導入計画についてはG社より「本社にその決定権があるため、一支社で基準を決定できるものではない」という企業内の事情の説明があった。

　最後に語学力の高さと業務遂行能力の関係性については、いずれも関係性ありとの回答であった。その理由として、G社より「対外的な交渉を行う場面において、語学力の高い社員は相対的に成果を上げることが多い」、H社より「語学力に自信が持てればモチベーションの向上にも繋がり、結果にも影響を及ぼす」との回答が得られた。2.1.3. におけるアンケートでは9社中6社より関係性ありとの回答があったが、本インタビューにおいて具体的な回答が得られた。採用時等においてはTOPIKは重視されない傾向が見られたものの、上述のアンケート回答内容を鑑みると、TOPIK所持者が持つ業務遂行能力が業務への取り組みや、結果に対して何らかの形で有意性が見られればTOPIK所持者に対する企業側の認識にも変化が現れるかもしれない。

3．TOPIK活用の可能性

　上述の通り、限られた範囲ではあるが社会人、及び企業に対するアンケートとインタビューを実施したことによりTOPIKの取得と就職に関する現状把握が一定程度できたと思われる。本章では得られた結果に基づきTOPIK活用の可能性につき考察を試みる。

　社会人を対象としたアンケートとインタビューでは、TOPIKの級やスコアが就職活動時に提出を求められるケースが多くないことが明らかになった。同時に、企業においても提出を求めるケースが多くないことも明らかになった。しかし、就職活動時に履歴書等に書くことによりTOPIKの級を所持していることを自ら提示することは多く行われているようである。また、TOPIKに認識のある企業においては、有効級については参考とされたり、昇進や昇格時に一定の基準として評価されるケースも見受け

られた。ところが、社会人へのアンケートからは業務遂行とTOPIKの必須性については直接的な関連が低いという認識も見られた。

　TOPIKが韓国の教育省により総括、制度の施行がされていることは検定試験としての信頼度は高く、語学能力を公的に証明することは十分に可能であろう。しかし、日本国内で実施されている語学関連の検定試験の多さや、TOPIKの実施歴が長くないことにより、社会の中で広く認識がされていない事実があることも直視すべきである。一例として、大学生等が就職活動時に利用するオンライン上のエントリーシート内の所持している語学検定試験一覧の中に、ハングル能力検定試験の項目はあるが、TOPIKはその項目が見られないという例がある。些細なことのようにも見えるが、このような事実を認識しながら、認識度を高めていく方法を考えていく必要があるであろう。

　その一案として、まずは韓国系企業を対象にTOPIKの認識を広めていくことが考えられる。アンケートやインタビューの回答からは、現在第一線で活躍している社会人のTOPIKに対する認識の中にTOPIKが公的、客観的に評価されるものとの認識が見受けられた。企業内でこのような人材の存在に認識が高まることにより企業内により認識が広まっていくことも考えられるが、実施機関等による積極的なアピールも必要であると考えられる。企業の内外からの発信により認識が高まれば、TOPIKの取得が就職とも繋がる可能性が高まるであろう。

おわりに

　韓国語学習のきっかけは多様であるが、学習の通過地点や到達地点の判断基準としてTOPIKを受験し、その結果が実利的な面として就職にも結びつく機会が多くなれば、学習者の目標設定にも役立ち、また、モチベーションの向上にも繋がるであろう。今後の学習者のニーズに応じていくためにも韓国語学習者が韓国系企業、その他企業にて活躍している事実が広まるよう教育機関や教育者をはじめ、TOPIK関連機関も企業等にて幅広く認識が高まるよう継続した取り組みが必要である。

　そのためにも本稿では扱いきれなかった語学能力と業務遂行能力との関連性について調査が必要となるであろう。また、松﨑・磯野・検校（2020）のように学習者のキャリア支援との関連からTOPIKを取り入れてみること、さらには齊藤・倉持（2019）

にて行われた調査のように企業が求める人材には語学能力のほかに何が求められているのか等、複合的な観点からTOPIKと就職を関連付けていく必要もあると思われる。

謝辞

　最後に日常の業務等が多忙な中にも関わらず、本稿のために実施したアンケートとインタビューに協力いただいた多くの方にあらためて感謝を申し上げたい。

参考文献

- 公益財団法人韓国教育財団（2021）『韓国語能力試験TOPIKの手引き』公益財団法人韓国教育財団
- 齊藤明美・倉持香（2019）「日本語学習者の就職に対する意識と企業が求める人材―韓国におけるアンケート調査及びインタビューの結果を中心に―」,『日本語教育研究』第47輯, 韓国日語教育学会, 107-126.
- 松﨑真日・磯野英治・検校裕朗（2020）『日韓の日本語専攻・韓国語専攻学生の就職活動に関する―キャリア支援の基礎調査―』,『日本語教育研究』第53輯, 韓国日語教育学会, 77-93.
- 강현화, 홍혜란（2015）「한국어능력시험（TOPIK）어휘 분석 연구」,『한국사전학』25, 한국사전학회, 7-38.
- 김정숙（2017）「한국어능력시험 20년 발전사와 최근 동향 -1997년 제1회 시험부터 2016년 제52회 시험까지-」,『한국어교육』28-3, 국제한국어교육학회, 1-24.
- 박수현（2019）「한국어능력시험의 학문 목적 사용에 관한 타당화 -평가사용논증 모형을 중심으로-」,『한국어교육』30-3, 국제한국어교육학회, 21-49.
- 一般財団法人国際ビジネスコミュニケーション協会「TOEIC® Programの理念―TOEIC® Programの歴史―」https://www.iibc-global.org/toeic/toeic_program/philosophy.html（2023年1月31日アクセス）
- 公益財団法人韓国教育財団「試験概要」https://www.kref.or.jp/examination（2023年1月31日アクセス）

参考資料1

●就職/転職時におけるTOPIK（韓国語能力試験）のご活用状況に関するアンケート

　本アンケートは韓国語を学習されている、またはされた方を対象にこれまで就職や転職時にTOPIKの取得級・スコアをどのように活用されてきたかをお尋ねするものです。

　なお、本アンケートはご回答される方個人に対してお尋ねすることを想定しておりますが、個人のお立場としてもお勤め先よりこのようなアンケートに回答することを控えるよう決まり等がある場合はお控えください。

　ご回答いただいた内容は韓国教育財団が主催する下記のTOPIK関連フォーラムにて調査者が口頭による報告、また報告書等の作成にて使用いたします。回答時間は5～7分程度です。

　アンケートのご回答内容は調査者が統計処理を行い、ご回答内容から個人、および個人が所属される企業等が特定されないようにすることをお約束いたします。

　TOPIKの活用場面が今後より一層広がるよう、皆様のご協力をお願い申し上げます。

フォーラム名：TOPIK（韓国語能力検定試験）の企業と教育現場への採択

開催日時：2022年7月16日（土）14時

開催場所：立教大学池袋キャンパス

主　　催：韓国教育財団

共　　催：立教大学

後　　援：（韓国）国立国際教育院、駐日本国大韓民国大使館

調 査 者：近畿大学国際学部　酒勾康裕

アンケート実施期間：2022年6月1日～6月30日

本アンケートの問い合わせ先：sakawa@intl.kindai.ac.jp

1.　ご回答される方について

1.1.　ご回答される方の年代について

　　・10代　・20代　・30代　・40代　・50代　・60代以上

1.2.　ご回答される方の性別について

　　・女性　・男性　・回答しない

1.3. （本アンケートご回答時点で）TOPIKの有効級をお持ちですか。お持ちの場合その級は何級ですか。

　・はい１級〜６級　・いいえ（過去に所持したことがある）

　・いいえ（受験したことがない）

2. お勤めの企業等について

2.1. 現在お勤めの企業等は韓国系（本社等が韓国に所在）ですか。

　・はい　・いいえ　・その他

2.2. よろしければ企業等のお名前をお書きください。

　●ご回答内容はフォーラム当日にご協力いただいた方が勤務されている企業等名を一覧として報告を行い、特定企業について述べることはいたしません。

2.3. 現在お勤めの企業への採用の種類は次のうちいずれですか。

　・新卒採用　・中途採用（キャリア採用）

2.4. 現在お勤めの企業等への勤務年数は次のうちいずれですか。

　・１年未満　・１年以上３年未満　・３年以上５年未満　・５年以上10年未満

　・10年以上15年未満　・15年以上

2.5. お勤めの企業等の業種についてご回答ください。

　●総務省の日本標準産業分類（平成25年10月改定）（平成26年４月１日施行）－分類項目名を参考にしております。

　農業　林業　漁業　鉱業　採石業　砂利採取業　建設業　製造業　電気・ガス・熱供給・水道業　情報通信業　運輸業　郵便業　卸売業　小売業　金融業　保険業　不動産業　物品賃貸業　学術研究　専門・技術サービス業　宿泊業　飲食サービス業　生活関連サービス業　娯楽業　教育　学習支援業　医療　福祉　複合サービス事業　公務　上記以外

2.6. お仕事の職種についてご回答ください。

　医療専門職（医師・看護師など）　営業職　管理職　企画職　技術職　教員　金融専門職　クリエイター・クリエイティブ職　経理職　公務員　サービス職　事務職　専門職（コンサルティング・専門事務所・監査法人など）　販売職　農林水産関連職　その他

3.　企業等におけるTOPIKの扱いについて

3.1.　現在お勤めの企業等に履歴書等を出された時、TOPIKの級・スコアの提出を求められましたか。求められた場合、何級以上でしたか。

　　　・はい１級以上〜はい６級　・いいえ

3.2.　現在お勤めの企業等にてTOPIKの級・スコアが昇給や昇進、勤務評価等のインセンティブの条件として設定されていますか。

　　　・はい１級〜はい６級　　・いいえ

4.　現在の業務とTOPIKの必要性について

　●このセクションは日頃の業務で韓国語を使用されている方にお尋ねするセクションとなります。該当される方のみご回答をお願い申し上げます。該当されない方は次のセクションへお進みください。

4.1.　普段の業務で使用されている韓国語のレベルはTOPIKの何級以上が必要であるとお考えですか。

　　　●ご参考URL（級別の認定基準）https://www.kref.or.jp/examination/topik

　　　・１級以上〜６級　　・必要ない

4.2.　TOPIKの領域（聞取り、読解、筆記）のうち、業務遂行に最も必要と思われる領域はどの領域ですか。

　　　・聞取り　・読解　・筆記　・分からない

4.3.　よろしければ前項の領域を選ばれた理由をお書きください。

4.4.　TOPIKの級・スコアの所持は、現在の業務を行ううえで必須とお考えですか。

　　　・はい　・いいえ　・分からない

4.5.　よろしければ上記のご回答に対する理由をお書きください。

5.　自由記述欄

　　就職/転職時におけるTOPIKの活用方法、また業務と韓国語能力の関係等につき、もしご意見がありましたらご記入ください。

　これでアンケートは終了です。送信ボタンを押してご提出をお願いいたします。お時間いただき、また貴重なご意見をありがとうございました。

参考資料2

●企業におけるTOPIK（韓国語能力試験）のご活用状況に関するアンケート

ご回答者様

　業務等、ご多忙の中大変恐縮でございます。書面により失礼いたします。

　本アンケートは企業等においてTOPIK（韓国語能力試験）の取得級・スコアが韓国語を学習されている、またはされた方の就職や転職時にどのようにご活用されているかをお尋ねするものです。

　ご回答いただいた内容は韓国教育財団が主催する下記のTOPIKフォーラムにて調査者が口頭による報告、また報告書等の作成にて使用いたします。回答時間は10分程度を想定しております。

　アンケートのご回答内容は調査者がご回答内容を通じて企業等が特定されないようにすることをお約束いたします。

　TOPIKの活用場面が今後より一層広がるよう、皆様のご協力をお願い申し上げます。

フォーラム名：TOPIK（韓国語能力検定試験）の企業と教育現場への採択

開催日時：2022年7月16日（土）14時

開催場所：立教大学池袋キャンパス

主　　催：韓国教育財団

共　　催：立教大学

後　　援：（韓国）国立国際教育院、駐日本国大韓民国大使館

調 査 者：近畿大学国際学部　酒勾康裕

アンケート実施期間：2022年6月15日～6月30日

本アンケートのお問い合わせ・ご返送先：sakawa@intl.kindai.ac.jp

　本アンケートへのご回答内容はWORDによるご回答の場合、次ページよりご記入をお願い申し上げます。また、Googleフォームを用いた回答ページを以下の通り設けております。ご回答いただける場合、いずれかの形にてご回答いただけましたら幸いに存じます。

アンケートURL　https://forms.gle/XAQSXUwxAgpC27qA9

　また、韓国語を学んだ・学んでいる方にもアンケートを実施しております。
　従業員の皆様の中に業務を通じて韓国語を使用されている方がいらっしゃいましたら下記のアンケートにてご回答のご協力を賜ることができましたら幸いに存じます。
　個別アンケートURL　https://forms.gle/KyQUbawoyhoVmL3ZA

◆TOPIKフォーラム　企業等へのアンケート

以下の水色欄へのご記入をお願い申し上げます。
ご回答できない内容については空欄にてお願いいたします。

企業等名称
ご回答者様の部署、職位

1. 貴社の従業員数、うち、日本人（韓国語学習経験のある人）の人数は何人ですか。
従業員数　名、うち日本人　名
2. 従業員の方の新卒採用と中途採用の比率はおおよそどのくらいですか。
新卒　：　中途
3. 採用応募条件にTOPIKの級・スコアの提出を求められていますか。
はい　いいえ
4. 3.の回答が「はい」の場合、新卒採用と中途採用にTOPIKの級・スコアに差を置いていますか。
はい　いいえ
5. 採用時にTOPIKは他の項目と比べるとどの程度重視されていますか。
①非常に重視している　②ある程度重視している　③参考程度にしている ④あまり重視していない　⑤全く重視していない
6. 貴社におけるTOPIKの所持級・スコアによるインセンティブの有無と具体例をご教示ください。
あり　なし
「あり」の場合、よろしければ具体例をお書きください。

7. 上記6.が「なし」の場合、その理由は何ですか。また、今後導入する計画はありますか。
8. 語学力の高さと業務遂行能力に関係性があると思われますか。
9. フォーラムにおいてアンケート協力企業等一覧としての提示を許可されますか。
許可する　許可しない
10. 最後にTOPIKが企業において活用されるために何かご意見がありましたらご記入ください。

　これでアンケートは終了です。お手数おかけしますが、メールにてご送信いただけ
ましたら幸いに存じます。お時間いただき、また貴重なご意見をありがとうございま
した。

第3章

韓国語市場の進化

1）TOPIKフォーラム第2部の記録

1. はじめに

田中：皆さんこんにちは。文部科学省の田中でございます。私は今、文部科学省の外国調査係に勤務しておりまして、韓国の教育動向を調査する仕事をしております。業務でも韓国語をよく使っておりますし、大学院の頃にはTOPIKを受けて、私も6級の有保持者ですね、有効ではないので、今はその実力が無いかもしれませんが、受けた経験を持っています。また、大学で韓国を教えていた事もありまして、本日は教育経験者、あるいは学習経験者というような立場からディスカッションに加えていただいたものだと思っております。もちろん、本日は個人的な立場での参加になりますので、よろしくお願いいたします。

この2部にて私に課せられた課題は、1部の先生方の報告をベースに、2部の先生方とのディスカッションをコーディネートせよと言う事でございました。フォーラムの冒頭で説明がありましたが、本日の趣旨は、さまざまな機関の模範的な取り組みを発掘し、その事例を共有する事で、教育機関のみではなく、一般企業にもTOPIKの認知度を高めるための課題を探るという事になっていました。1部が模範的な取り組みの事例共有だとすると、2部はTOPIKの認知度を高めていくための課題を探ることになろうかと思っています。大きな役を仰せつかっておりますが、私の力ではどうも上手くいく気がしておりませんので、是非とも本日参加の先生方、ご来場の先生方にもお力添えをいただきたいと思っております。では、2部から新たにディスカッションに参加していただく方をご紹介したいと思います。

まず、韓国語学習のYouTube動画の配信で有名なトリリンガルのトミさんです。トミさんにはこれまでにない、新たな学習形態という観点からディスカッションに加わっていただこうと思っております。

次に、Jリサーチ出版の和田圭弘さんです。外国語学習の出版を手掛ける出版社

で、韓国語学習教材の発刊にも携わっておられます。出版あるいは出版業界という観点から、近年の韓国語学習や、TOPIK についてどのようなことが言えるのかをお話ししていただこうと思っております。

そして三人目、新大久保語学院の李承珉院長です。長い歴史を持つ語学院で韓国語教育に取り組まれて来られました。大学や高校などとは少し異なる学習の場から見た場合の景色、TOPIK に関する視点といった観点からのお話を期待したいと思っております。

つまり 2 部では、1 部で取り上げた高校、大学とはちょっと違うところでの議論を踏まえた上で、韓国語学習の観点を含めて、もう少し広い視野から TOPIK の可能性や課題について議論してみたいと思っております。

さて、フロアからの質問も少しありますので、これらを取り上げながら、まずは第 1 部について簡単におさらいをさせていただきたいと思っております。私の方で 1 部の先生方への質問を、簡単な事実確認等も含めてさせていただきます。

2．第 1 部への質疑

田中：まず、金先生のご報告では対馬高校の事例をご紹介いただきました。公立高校で唯一の韓国語を専門的に学べる科があるという事です。動画も拝見して衝撃を受けましたが、対馬高校だから出来るのではという事もありますよね。高校で韓国語をやりたい、あるいはもう少し取り入れたいとなった場合には少し

ハードルがあるのではないかと思うのですが、TOPIKあるいは韓国語の学習を全国の一般の高校等で活用して行くためにはどういう事ができるのかについてご紹介いただけたらと思うのですが、いかがでしょうか？

金： そうですね。本校がこれだけの成績をあげられたことはまず、何より生徒の気持ち・覚悟だと思っているんです。どうしても離島留学生は、15歳の時から親元を離れ寮での生活を覚悟して来ているので、ある程度本人たちが韓国語の成績を上げないと駄目っていうその気持ちから始まっているので、あれだけの成績が出たと思います。なので、まずは何より本人の覚悟・気持ちが大事だと思います。

そのほかには、長崎県立高校で韓国語の教育をしている学校は本校を入れて8か所ありますが、ほとんどの学校が選択科目なので、教員が外部講師か韓国で留学経験のある日本人の先生となっています。そして本校は、私は7年目なんですけど、私の前まではもう2年ごとに先生が変わって、私が来た時も2時間の引き継ぎで、次の日から勤務だったのですが、7年目になると自分が作ったシラバスを基に自分が作った評価基準によって継続的な指導ができているので、そういうのも良かったかなと。そういう事を整えたら、ほかの学校でも実績が出てくるのではないかなと個人的に思っています。

田中： ありがとうございます。高校の現場で誰が韓国語を担うのかという問題にもなるんだろうなという事でしたね。検定合格がカリキュラムに位置づいているというような特徴もあったかと思います。

続いて、長崎外国語大学の事例をご紹介いただいた朴先生です。ここもやはりかなり充実していて、TOPIKによって海外留学の参加要件がクリアされたり、

あるいは奨学金が出たり等ですね、そういう仕組みが確立しているのは外国語大学ならではと思うのですが、外国語大学ではなくて、一般の大学とかでTOPIKを位置づけていくときにどういった難しさがあるのか、カリキュラムに連動させていく時に何か工夫があったのかどうか、このあたりについて少しご紹介頂けますでしょうか？

朴：　本学のカリキュラムとTOPIKの関係性ですが、カリキュラムの中にはTOPIKという科目は1つもありません。あくまでTOPIKは道具であり、目的ではないという事を重要視しています。学生の動機付けとして、実績をしっかり残す学生には、単位にしろ、奨学金にしろ、あるいは派遣留学にしろ、色々なメリットがあるという事を中心に指導していますが、ご指摘にありましたようにTOPIKは語学能力試験であって、大学の役割は韓国語教育を含めた韓国の文化、社会の教育ですので、今後カリキュラムとしてTOPIKという科目を取り入れる計画は無いと思います。

　　　結果として、頑張れば何らかのメリットがあるというものに、積極的に取り組んでいきたいと思っております。

田中：ありがとうございます。TOPIKを目的ではなく、道具としてどう活用して行くのかという観点で、長崎外大で活用されているという事でした。

　　　それでは酒勾先生です。企業等の事例、大変興味深く拝見いたしました。企業がTOPIKの認知をあまりしていないといった事も含めて課題が多いと思いましたが、酒勾先生は韓国語を教えていらっしゃる立場でもありますので、大学から企業にTOPIKをもう少し活用するよう働きかける事が出来るのではないか思うのですが、この辺り何かご意見等ございますでしょうか？

酒勾：はい、ありがとうございます。今、お二人の先生がおっしゃったように、やはり言葉は道具であって目的ではないので、その語学をいかに生かしていくかというところを探っていく必要があるんじゃないかと思います。特に大学生ですと、企業のインターンシップによく行っているんですけれども、例えば、現時点でTOPIKを認識している韓国系企業が、TOPIK5級・6級を持った学生を積極的にインターンシップで受け入れるとか、実際にやはり仕事で使った、使えるっていう経験をたくさん提供していく必要があるんじゃないかなと、今ふと思いました。

田中：ありがとうございます。もちろん就職のための大学ではないんですが、学生の

意識は就職にもありますので、TOPIKを取らせた、あるいは取ってもらった事をどうにか生かせるような（大学と）企業との連携ということも必要なんだろうなと思っています。もちろん大学にできる事とTOPIKを運営する側にできる事とは少し分けて考えていかないといけないんだろうと思います。

ここで２部から加わっていただいた先生方に自己紹介をしていただきながら、１部の全体へのコメントでも構いませんし、なにか思ったところをご発言いただきたいと思うんですが、トミさんからお願いしてよろしいですか？

トリリンガルのトミ：

はい。わたくしは先ほどもご紹介して頂いた通り、YouTubeで独学の方々を対象に韓国語を教えている韓国語講師のユーチューバーです。

私が１部の講演を聞いて本当に驚いたのが、男女の比率です。

金京児先生の発表で男女の生徒数を見た時に、やはり韓国語ってすごい女性に人気のある言語だというのを、改めて実感しました。そして、実際にTOPIKも受験者数は女性が９割と圧倒的に多いですし、私の運営しているトリリンガルのトミというチャンネルでも、視聴者はやはり女性が８割と圧倒的に多いです。つまり、女性を喜ばせるというのがキーポイントになってくるのが韓国語ではないかと勝手に思ってしまいました。

田中： ありがとうございます。確かにそうですね。女性が比率として多いというのは色々な発表であったので、面白かったと思いますね。和田さんいかがでしょうか？

和田： ご紹介に預かりました和田と申します。Jリサーチ出版という語学書の版元で編集を務めておりまして、佐々木正徳先生と朴永奎先生に弊社からTOPIKの対策本を書いていただいたご縁で、本日こちらにお招きいただいております。

書籍を作っているものとして、韓国語のマーケットについて特に話してほしいと言われておりましたので、そちらを踏まえてお話し致しますと、私が普段触れている限りでの、市場の売り上げの情報に限定しての話になりますが、全国に支店を持つ大型書店の最近の語学書の売り上げを見てみますと、トップ200のうちに韓国語の書籍は24冊という月がございました。

圧倒的に日本の語学書の市場は英語で、英語の本が多いのはもちろんなのですが、24冊いわゆるトップ200のうち、約12%という数がどれだけのものなのかというと、日本語を除きまして韓国語、英語、中国語、フランス語、ドイツ語

などの他の言語を合わせた数がトップ200の
内に4.2％ぐらいだったんですね。そのうち韓
国語が24冊と、英語に次ぐくらい語学書の市
場ではインパクトのある言語ということにな
ります。

その中でさらに、TOPIKの対策本をうたって
いる書籍がどれくらいあったかというと、タ
イトルを見た限りですが、５冊ありまして、
他の言語の４冊を合わせた数よりも、TOPIK
の対策本のほうが点数が多かったんですね。

トップ500に絞ってみても、韓国語の書籍はやはり13％ぐらい語学書の市場で
占めておりまして、他の言語はトップ500のうち約８％という月がありました
ので、他の言語を合わせた数よりも、韓国語のマーケットの方が大きく、いま
韓国語というのは語学書の中でも注目されている言語になります。

なおかつTOPIKの対策本も結構な数が売れておりインパクトがありますが、酒
勾先生のお話を聞かせていただきましたところ、企業ではまだ認知度が高くな
いということで、韓国系企業に就職する際には１つの基準として扱われている
というお話ではありましたが、さらに認知度が高まると、今すでに（冊数は）
充分なくらい英語に次ぐぐらいあるので、市場での存在感はより高まっていく
のだろうなという印象を受けました。

韓国への留学では（TOPIKの成績が）十分重視されているというのは体感的に
も感じていたので、現状は企業での扱われ方というのは厳しいのかなというの
が、１部の佐々木先生のまとめでも耳が痛いっていうお言葉がありましたけれ
ど、逆に言うとまだまだ伸びていくところなのではないかと感じながら聞いて
おりました。

田中： ありがとうございます。具体的な数字ですね。この後に、もう少し今のところ
深めていきたいというふうに思います。それでは李院長、いかがでしょうか？

李： 李承珉と申します。 私は25年前に来日しまして、最初は日本語学校に通い、日
本の大学院で勉強しました。大学生活を経て今から20年前の2002年に新大久
保語学院という学校を始めまして、今、都内で４校と横浜で１校を運営しなが
ら『できる韓国語』という教材を出版しております。また、最近はコロナ禍の

ためオンラインで勉強する人が増えたので、オンラインでの一対一会話レッスンも展開しております。

第1部の先生のご発表について質問・コメントをさせていただきます。金京児先生の対馬高校の取組みというのは、独特で、面白くて、ものすごく興味深いものだと思うんですね。特にその高校3年生の会話能力がものすごく高く、皆さん驚いたと思うのですが、私の経験ですと優秀な先生の下にはやはり優秀な生徒さんが座っていると思っていますので、やはり、金先生の優秀さを証明しているものではないかと思うんです。金先生の発表の中で6級を取ると、韓国の大学で学費が全額免除されるというふうにおっしゃいましたが、すべての大学ではないと思いますけれども、どういう大学でそういう取り組みをしているのかということを、後ほどまとめて質問しますのでお答えいただければと思います。

もう1つ、長崎外国語大学の朴先生の発表の中で「韓日高等教育留学生交流事業」というものを説明していただいて、修士・博士課程の方はTOPIK5級以上が必要ということだったのですけれども、学部生の場合は何級以上という定めがあるのでしょうか？ 私が見逃していたら申し訳ございませんが、教えていただきたいと思います。

最後に、酒匂先生の発表の中では、非常に大事といいますか、今後の楽しみなんですけれども、やはりいろいろな大学・企業でTOPIKに注目している所が少しずつ増えておりまして、特に韓国系企業はものすごく関心を持っているということは事実だと思うんですね。この間、私の会社でも日本人の採用をしたんですけれども、履歴書を見て、TOPIK6級と書いていたので、早速韓国語でインタビューしたり、実力を確認したりしました。彼は留学もしていたので韓国語がうまかったのですが、やはりTOPIK6級を持っていると韓国語の実力に関しては申し分ないと思うので、実力の証明としてTOPIK5・6級は有効ではないかと感じました。酒匂先生が一番の課題として、日本の企業でトピックが認知されていないという事を指摘されたんですけれども、TOPIKの認知度を高めるためにどのような事が必要なのかという事まで、何か考えがあれば教えていただきたいと思います。

田中：ありがとうございます。重要な論点等も出されたかと思いますが、まず金京児先生、基本的なところで全額免除の実績や進学校の事例があれば、ご紹介いた

だければと思います。

金： 本学科の生徒が韓国の大学に進学する主な理由の1つは学費免除です。実際、韓国の方が日本に比べて学費が若干安いというイメージもあり、さらにTOPIK5・6級を取ると学費が全て免除になる大学も結構あります。

今年卒業した10人のうち、実際に学費を払ったのは3人です。延世大学に進学した1人は、6級で（学校の）成績も1位でしたが全額を払いました。延世大学は（学費免除制度が）全くなかったためです。もう1人はソウル市立大学に行ったのですが、3人のうち2人は免除で残り1人は6級はあるものの学校の成績がまあまあだったので半額の10万円を払いました。そしてもう1人は5級を取った生徒でしたので、ソウルの崇実大学ですが3万円払いました。それ以外の7人は全額免除でした。

田中： ありがとうございます。そうしたら朴先生、学部は何か条件がありましたか？

朴： 「韓日共同高等教育留学生交流事業学部1年課程」という制度です。書類上はTOPIK3級以上、GPAは四点満点で2.8以上、100点満点で換算したら80点以上っていうものが規準なのですが、実際日本全国で25名を募集するので、そのまま学生を推薦してもほぼ落ちるんですね。

本学では最低TOPIKは4級以上ですね。あとGPAは3点、100点満点で85点です。もう1つは、肝心なのは書類の作成ですが、あくまでも教員は、手伝いはせずに、学生に書かせるんですが、だいたいの学生は涙を流しながら結構苦労しているんですね。書類をきちんと書ける力がないと、最終的には合格できないと考えております。

3．TOPIK学習者像の変化

田中： はい、ありがとうございます。酒勾先生の質問は最後の方でも扱いたいテーマですので待っていただいてですね、先生方は皆さん、韓国語学習に長く携われていますので、日韓の政治の話もありましたが、日韓の波がありますよね。学習者の層や質が変わっているのではないかという事をお聞きしたいです。

高校や大学は入ってくる年齢層が日本の場合は比較的固定されていますが、例えばYouTubeとか書籍、あるいは外国学院など学校の外部で、韓国学習者の質

や年齢層、レベルの高さ等について、最近の韓国語学習者の特徴を教えていただけるとありがたいなと思います。トミさんいかがでしょうか？

トリリンガルのトミ：

そうですね。2019年ごろに私はYouTubeの配信を始めたのですけれども、2020年にコロナの緊急事態宣言が発令されて巣ごもり生活者が増えました。そして『愛の不時着』だったり『イカゲーム』だったり、韓国のエンタメが盛り上がってきた時期ぐらいに、私のコンテンツの量には変わりがなかったのに、YouTubeチャンネルの登録者数が増えました。つまり、登録してくれる人数のペースが2倍に増えたんです。それを見ながら、コロナによりオンラインで勉強することがだいぶ一般化されたという印象を受けました。

それと、学習者のレベルの変化についてもお伝えしようと思うのですが、私は超入門、初級、中級レベルもYouTube上で教えていて、どの年齢層の方々が何を見たかを分析する事が出来ます。それを見た時に、超入門レベルは10代から60代の幅広い方々が視聴されている傾向がありますが、中級レベルになるとどんどん難易度が高くなってくるので、視聴者が減っていく傾向があります。最後まで頑張って勉強し続けた方々が誰かというと、20代から30代の女性でした。20代から30代の女性が、独学で一生懸命勉強しようと思った理由は、やはり就職・キャリアに活かしていきたいという願望が強いのだと思います。ですので、今後TOPIKの認知度が企業等で高まれば、20代、30代の女性達がTOPIKを受けて5級・6級を持って、企業に面接に行って受かった場合に一番恵沢を受けると思います。

田中：はい、面白いですね。YouTubeで本当に幅広い年齢層が見ており、最近視聴者

が非常に増えているという事がよくわかったと思います。

李院長、20年間日本でやってらっしゃるという事ですが、学習者層、学院に来る人たちは少し変わっていますでしょうか、いかがでしょうか？

李： 私の20年間の経験から申し上げますと、学習者がいろんな面で変わってくるのではないかと思うんですね。先ほどトミさんもおっしゃいましたけど、最近勉強する人が幅広く多くなっているんですが、例えば20年前の2004年頃は、韓流ブームにより中年の女性、つまりドラマ好きの方が多かったですね。しかし、色々変化がありまして、最近はBTSやBIGBANG等の音楽から入る人が多くなっています。

例えば、2021年に「ハングル」能力検定試験のホームページに公表されているものを見ると、10代が25％、20代が37％で（受験者の）6割が10代、20代の 若者になっているんですね。 同じようにTOPIKに関しても、駐大阪韓国領事館が調査した新聞の記事を見ましたが、2019年に10代が30％、20代が48％、つまりTOPIKを受験する78％は若者になっています。ここから、やはり勉強する人も若者が多くなったのではないかと思われます。

そして、先ほどトミさんは女性が圧倒的に多いとおっしゃいましたけれども、実は20年前もほとんど女性だったんですね。100人いると1人か2人くらいは男性の方がいらしたんですけれども。最近は男性の方も増えてきて、やはりビジネス目的で勉強する人も増えていらっしゃるし、引退されて趣味で勉強する人も増えているので、少しずつ男性も増えていくと思っております。

また、勉強する目的も多様化しています。最初は趣味が一番多かったですね。ドラマが好きで俳優にラブレターを送りたいとかですね、そういう不純な目的で始まったというお客さんの告白があったり、あとは韓国旅行に行くために少し韓国語を勉強したいという目的だったのですが、最近は留学・進学だったり、ビジネス・就職したりというものが増えてきました。例えば、韓国留学ですと、2004年の統計は1000人ぐらいだったんですね。しかし、2019年は7235人で約7倍、韓国留学する人が増えたという統計があります。もちろん、コロナで最近は減っているという事は事実ですが。

そして、弊社の場合は企業研修が増えてきました。20年前から15年前まではほとんど個人向けの教育施設でしたが、最近はLINE、サムスン、ロッテといった韓国系企業がコミュニケーションの為に希望する社員に研修をする事が増え

てきました。韓国系企業のみならず、コカ・コーラだったり、アパレル大手の
バレンシアガだったりも企業研修をしています。昔は個人が趣味で勉強する事
が多かったのですが、最近は企業の研修を含めて、色々な目的があると思われ
ます。

あともう１つ面白いのは、勉強する方法もものすごく多様化されていると思う
んですね。昔は高校や大学、施設での教育に依存してきた所が多かったと思い
ますが、最近はオンラインの発達で、YouTubeだったり、オンライン会話だっ
たり、独学で勉強する人が統計によると６割ぐらい、何らかの学校に通ってい
る方は２割ぐらいで、色々な形態で勉強しているいう調査もありましたので、
勉強方法に変化が出てきたと思います。

田中： ありがとうございます。今ご紹介いただきましたが、やはり学習者層がかなり
多様化しているという事と、それに合わせて韓国語を学ぶ目的もかなり多様化
しているように思ったのですが、このように多様化しているニーズをどう
キャッチアップして行くのかについて、特にトミさんはある意味でかなりシビ
アに意識しないといけないと思うのですが、ニーズの変化に対応する工夫は何
かありますか？

４．学習目的・方法の多様化

トリリンガルのトミ：

私の場合はメインの活動場所がYouTubeになりますので、生徒さんたちが興味
のあるものには常にアンテナを立てて、積極的に見ようと努力しています。例
えば、あのドラマがよかったというのを生徒さんがコメントに書いていたら、
そのドラマの予告編をすぐに見たり、生徒さんがK-POPのコンサートに行った
と言ったら、私もK-POPのコンサートに行ったり、一体どこで生徒さんたちが
韓国語に触れているのかというのをキャッチしています。

あと、YouTube上では韓国語におけるトレンドがその都度ありますので、それ
はYouTubeさんが勝手に紹介してくださるんですね。そのようなYoutubeに
上がってくるお勧め動画を必ず見て、生徒さんがどこに共感したのか意識しな
がら、見るようにしています。

田中： ありがとうございます。高校では生徒たちのニーズをどのように把握するのか、何かあったりしますか？

金： 私は他の教員と一緒に副担任として朝のホームルームから放課後の掃除、それからダンス部の顧問もしているので、K-POPダンスに対する興味も常に聞いていますし、寮の舎監まで共にやっているので、もう24時間生徒と一緒にいますね。

その際に、K-POPに対する興味とか、それを越えて「韓国の大学に行きたいけど、どの学科に行ったら将来有望か」という質問や、「こういう仕事したいけれど、そのためにはどんな勉強をしたほうがいいか」とか、そういうことも常に聞いていて、じゃあ一緒に調べようかと。応えているのかどうかは分からないですが、一応一緒に話を聞いて、一緒に調べて、一緒に対策を立てていくぐらいの事は常にやっています。

5．指標としてのTOPIKの可能性

田中： ありがとうございます。今かなり学習が多様化している事がわかったと思うのですが、それを確認した理由がですね、学習者が多様化しているという事は、それぞれレベルがバラバラな学習者が一緒に入ってきたりするわけですよね。その人たちのレベルをどこでどう確認するのか、何をもって確認するのかという時に、TOPIKが使えるのではないかと個人的には思っているんですね。

対馬高校の事例だと、TOPIK6級を持っていると、流暢に話せるとかですね。

対馬高校の映像に出ていた真ん中のすごく上手だった司会の生徒は6級を持っているんですよね？　そういう子がいたりという事があるので、TOPIKを学習者が多様化する中でも1つの指標にできる可能性があるのではないかと思ったりします。

そこで聞きたいのが、TOPIKの取得に向けて勉強した学習者は、実際に韓国語が上手になったのかということです。資格はあくまでも資格でその先の語学能力に繋がってないのではないかという疑いもあったりするのですが、一方、TOPIKはモチベーションの1つになっていて、資格取得だけでなく韓国語自体も非常に上手になっているイメージがあるのですが、そのあたりの実感はいかがでしょうか？　朴先生、何かありますか？

朴：　先日、1年生向けに4年生の先輩の留学経験を聞かせる行事がありまして、後輩が「先輩は彼氏がいますか？それは韓国人ですか？」と質問し、先輩の「はい」という答えに大きく歓声を上げたのを聞いて、これは一体どういう現象なのか、よく分からないのですね。

大学に入学し特に韓国語を専攻する学生は、既に入学前にTOPIK2級や3級を取得して、先ほど本学の事例で紹介しましたが、自分が行きたい大学に行くため、あるいは奨学金をもらうためにさらに頑張ってTOPIK4級や5級を取得しているんですが、実際実践的な会話能力が向上しているかというとそうでもないという事がよくある話なんですね。

こういった学生がいざ交換留学生として韓国に約1年行き帰国すると、まず目に付くのが顔の表情が全然違うという事です。結構明るくなって、あまりしゃべらないタイプだった学生も自己表現力が非常に高まっているという事がよくわかります。変化の理由を聞いたら、やはり「韓国に行って、違う環境で、色々な学生との交流を通じて、自己表現や文化の理解力が高まり、1年という短い時間でありながら非常に変わってきました」という事は、学生からよく聞く話です。

実際、TOPIKの高いレベルを習得して、それを実践的に活用できる場を提供する事が、大学の使命でないかと思うんですが、個人としては日本と韓国の大学関係者が交換留学制度をどんどん拡大して、学生を相互に送り出す事によって、複雑な問題を解決できるような1つの策になるのではないかと思っております。

田中：ありがとうございます。今度は酒勾先生に企業の方にインタビューされた中で聞きたいのですが、最後のご指摘にもありましたが、スコアの妥当性というか、それを持っているから本当に使える人材なのかというところに疑問があるという点で、例えば5級・6級を持っているという事が本当にすごい事だと、もっとアピールして行く必要があるというご指摘もあったと思うのですが、そのあたりについていかがでしょうか？

酒勾：そうですね。語学ができるイコール仕事ができるという事にはなかなか繋がらないと思うんですね。これは今回のインタビューの中でも実はお伺いしていて、企業の方もそういった面はあると。

ただ6級を取るにあたってのプロセスだったり、その努力だったりというのは評価でき、そこに至るまでの努力は並大抵のものではないので、そういった点は仕事にも生かせるのではないかなというお話もあったので、6級を取るに至っての過程を、学生や就職を希望している人がアピールできれば、また違ってくるのではないかなと思います。

田中：ありがとうございます。そうですね。6級の資格だけではなく、その背後にある学習のプロセス自体を評価するというような事ですね。

トミさんの視聴者の中にも、おそらくTOPIKの取得を目指している方もいらっしゃると思うのですが、その人達の成長ですね。本当に喋れるようになっているのか、あるいは取得の喜びがわかる事はあるのでしょうか？

トリリンガルのトミ：

そうですね。私のYouTubeを見てくださっている視聴者さんを対象に、TOPIKのスパルタコーチングをやったことがあります。このスパルタコーチングでは、TOPIK2級を目指している生徒さん達を募集して、私が3週間みっちり学習指導をしました。その結果、全員がTOPIK2級に合格しました。

その中の1人の高校生は、私と会う前に独学で勉強をしていたのですが、K-POPアイドルが好きで曲等をよく聞いていたんです。でも、実際に試験をやってみると初級の基礎がすっぽり抜けているような方でした。それで、初級文法・単語をみっちり教えてあげたら「さらに韓国語がすごく聞き取れるようになりました」という感想をいただきました。

結局、独学でやっていたので、学びが偏っていたんですね。「実生活ではTOPIK2級ぐらいからしっかり基礎を作っていく事が、実はK-POPアイドルの言って

いる事をさらに深く理解するために必要なんだよ」と教えました。そして、実際にTOPIK２級合格後には韓国語の上達を更に感じたそうです。

やはり独学者さんは語学力が偏っている事があるんですよね。そういう点でTOPIKは体系的に何をやったらいいのかという事が明確であるため、生徒さん達が韓国語で何かを楽しむために必ず必要なものと私は思っています。

6．TOPIKのさらなる発展を期して

田中： ありがとうございます。TOPIKをモチベーションにつなげるというのは、非常に面白いところですし、それに耐えうる試験だということも、非常に重要な指摘なのかなと思っています。

今日はTOPIKの企業での採択と、TOPIKが抱える課題を明らかにしていく事をテーマにしています。李承珉院長から酒勾先生のところに質問があったトピックの認知度をどのように高めていくのかという点について、先生方はTOPIK対策を教えている、あるいは使っている、活用していらっしゃる側でもありますし、中にはTOPIKを受けてきた側の先生方もいますので、その観点から、TOPIKに対する要望や、TOPIKの活用についてご紹介いただきたいなと思います。それぞれの立場でも結構ですし、あるいは個人的な感覚でも結構ですので酒勾先生からよろしいですか？

酒勾： 先ほど申し上げた通りですね、TOPIKを取った人がどんどんアピールをしていくための方法として、韓国企業からインターンシップを受け入れていただくとか、そういった形で認知度を高め、そして政府側もTOPIKの試験や６級のレベルを知る努力が必要ではないかと思っています。

あと、TOPIKに対する要求というよりは、私の教育活動を通じての経験であるのですが、学習者はTOPIKを取得し、目標達成みたいなところがあるんですね。そこではなくて、やはりそれを持って、次に積極的に外との交流を考えていく必要があるのではないかと思っています。韓国の大学生との交流であったりとか、韓国の高校生に日本語を教えてみたりだとかを、ここ３年くらいオンラインでやってるんですけれども、習った韓国語をいかに生かしていくかという事の活動をしているわけですが、そういった活動に参加する学生を選抜する時に

TOPIKを活用していく等、色々なところに
TOPIKを関門として設けていく必要があ
ります。そのためにも、TOPIKが何なのか
という事をもっと広めていく必要があるの
ではないかと思います。

ただ、一大学教員がいくら頑張っても限界
があ*りますので、ユーチューバーの方とか
広く影響力のある方がたくさん活躍される
必要もあり、私たちも後押しをするという
事も必要ではないかと考えております。

田中： ありがとうございます。朴先生、お願いい
たします。

朴： 私としては、TOPIKは受験者が４万人を超えているという話もありまして、今
後は認知度がさらに上がると、受験する人も非常に増加すると思います。

しかしながら、日本国内の試験場確保が実際現実的な問題であると思うんです
ね。韓国国立国際教育院は、TOPIKは国家試験であるため、大学入試に準ずる
マニュアルで実施しないといけないと非常に堅苦しい体制をとっていますが、
実際、去年の日本の受験者延べ４万人のうち、約９割以上がTOPIKを通して自
分の言語能力を確認したいというニーズです。日本の主たる受験者と主幹機関
との考え方に結構な隔たりがありますので、現状は韓国に合わせているTOPIK
のマニュアルを変え、柔軟に対応できるようなシステムが必要であると思いま
す。

試験場の確保一つとっても、韓国の主幹機関と話をして、日本に適した制度に
変えて、より柔軟に学生のために利便性を向上させるような試験場確保が今後
必要でないかと思っております。

田中： はい、ありがとうございます。TOPIKの現地化は非常に重要な観点かなと思っ
ています。金京児先生いかがでしょうか？

金： 私は、高校で教えている側として、韓国語を教えている他校の日本人の先生方と
お話をする時がありますが、「教える時にどこが難しいですか？」と聞くと、や
はり教えている人が日本人なので、韓国で一応留学の経験などはありますが、
TOPIKの後半の問題は難しいから教えるのも大変だという話をよくするんです。

先ほどの先生の話でもありましたけど、個人の能力を確認するところもあるので、高校生も高校生なりの頑張りがあって、それなりの能力があると思うので、それを確認できるような、自分の能力に合うような問題もあったら楽しく試験勉強ができるんじゃないかと思います。

6級以上を取っている人たちもそうなんですが、「40番以上になると、意識が朦朧となります」とか、「最初からこういう問題は私たちができる問題じゃないですね」というような態度をとっている事もあります。「読んでみたら分かる単語もあるんだよ」と言うのですが、最初から既に諦めてしまう事もあるので、子どもたちの能力に合う問題もあったらどうかなと思っています。

田中： はい、ありがとうございます。トミさん、何か感じるところはありますか？

トリリンガルのトミ：

はい。まず発展の可能性と、TOPIKの運営側に求めることをお伝えしたいと思います。

発展の可能性は、3級の受験者さんたちをどれぐらい教育できるかにかかっていると思います。先ほど金京児先生がおっしゃってくださったように、3級は6級と一括りになっているんですよね。ですので、3級を受ける方にとってはかなりハードルの高いテストになっています。

でも最近TOPIKの公式サイトでTOPIKの手引きが出まして、そこで「TOPIK 3級の方はここからここまで勉強してください」「4級の方はここからここまでです」という試験範囲が明確に提示されたんですね。これはすごく画期的なことです。

でも、まだ生徒さんたちに認知されていないので、今後積極的に生徒さんたちに認知させる、お伝えしていくことによって、生徒さんたちが「3級レベル、もしかしたらいけるかもしれない」と思えるようにして行きたいです。先生方にもTOPIKの手引きを参照していただいて、受験を奨励していただけたらTOPIKはさらに発展すると思います。

あとですね、運営側に求めたい事は、TwitterとYouTubeの公式アカウントを作っていただきたいという事です。最近はSNSで情報をキャッチしたいという生徒さんのニーズが非常に高まっています。

私は今年度からTOPIKの広報大使に任命されたのですが、それをTwitterで伝えると「TOPIKってそもそもどういうテストですか？」とか「TOPIKの持ち物

は何ですか？」とか、そういう質問もたくさんいただきました。私が「TOPIK
の運営側にお尋ねください」と促したのですが、生徒さんたちは公式のサイト
にお問い合わせをするよりも、運営側に直接話しかけたいという思いが強いで
す。ですので、ぜひTwitterのアカウントを作って頂きたいです。

そして、YouTubeのアカウントも作っていただきたいです。韓国教育財団のス
タッフの方々が私のYouTubeチャンネルに出演された時に、ものすごい反響
だったんですね。「TOPIKってこんな試験だったんですね」と、皆さんがすご
い親近感を持ってくださりました。TOPIKに対してYouTubeは、今後も可能
性がありますし、私も3年間YouTubeを運営しながら、影響力は大きいと感じ
ていますので、ぜひ今後もTOPIKの運営側からダイレクトに生徒さんに話しか
けるように、YouTubeの活動をやっていってほしいと思っています。

田中： はい、ありがとうございます。非常に現代的で新しい観点ですね。一番苦手な
ところじゃないかと思うんですが、ぜひ炎上を怖がらずにやっていただきたい
なと思っています。和田さん、いかがでしょうか？

和田： 対馬高校の3年生のお話の中にも出てきたように、TOPIKは今、過去問が公開
されてないですよね。色々な事情があって公開されていないのだと思うのです
が、対策本を作る側としては何かしら指標のようなものが欲しいです。でない
と、的外れな対策本を作ってしまう可能性がありますので。

一部でもいいので、何かサンプルのようなものが公式に出ていると、それを踏
まえた上で、一般の学習者さんに学んでもらう書籍を作ることが出来ますので、
見られるとお互いに発展できるところがあるのかなと思っております。

田中： はい、ありがとうございます。李承珉院長、
お願いします。

李： はい。日本でTOEIC受験者はコロナ前だと
200万人ぐらいいたんですね。それに比べ
るとTOPIKは4万人程度なので可能性が
あります。TOEICを例として挙げると、試
験受験者の6割は現場で受けますが、4割
ぐらいは集団やオンラインで受けます。な
ので、TOPIKの場合もオンラインで受験が
できるようなシステムを作っていただきた

いと思っています。特に韓国はIT強国でもあるので、オンライン試験を受け入れていただきたいです。

そして、先ほど金京児先生が韓国の大学に進学するのに、5級・6級のTOPIK資格を持っていたら学費が免除される大学がたくさんあるとおっしゃいましたが、やはりTOPIKに対するメリットを教育財団がホームページ等で積極的に宣伝する必要があるのではないかと思います。例えば、5級や6級を取ったら学費が免除される大学のリスト等を公開すれば、韓国に進学したい人には刺激になるのではないかと思いました。

最後に、大学でのメリットも大事ですが、やはり企業でのメリットもよく考える必要があるかなと。いま適当なアイディアは出ないんですけれども、課題として、TOPIKを持つ人にどういったメリットを企業が与えるのか、TOPIK 5級・6級を持つ人を採用した場合に教育財団側で何かメリットを与えるという事ができれば、企業側が積極的に資格を持っている人を採用するかもしれないですよね。

どういうメリットを与えるべきなのかはすぐ浮かばないですが、やはり課題としてよく考えていただいて、企業がTOPIKの認知度を高めるきっかけにもなると思いますので、ぜひ宜しくお願いします。

7. おわりに

田中： はい、ありがとうございました。登壇された先生方のお話から、やはり韓国語の学習者がかなり多様化しているという事、あるいは学習の動機もかなり多様化している、学習の方法も多様化している、その学習をする場所も多様化しているというように、いろんな韓国語の学び方がある中で、その人たちのレベル、あるいは質をどうチェックしていくのかというところにTOPIKの可能性があるのではないかと思えてきました。

トミさんの話で面白いなと思ったのは、韓国やK-POPが好きですが、そこから覚えた単語は意外と日常の単語ではないので、基礎的な学習はむしろTOPIKによって初めて触れるとかですね、基礎をつかむためにTOPIKを活用できる事も、本日わかった点でした。

そして、TOPIKの認知度は今非常に高まりつつあると思います。韓国語学習者の中では認知されましたが、いかに企業に広めていくかという事も大きな点ですし、難易度の話もありましたが、TOPIKのレベルの高低、いわゆるビジネス型の韓国語とか、あるいは高校生用の韓国語とかですね、そういったレベルのものを作ってもよいのではないかと思います。

もしかしたら、これは日本独自のニーズなのかもしれないなと個人的に思っていて、日本では今、高校生のための韓国語検定試験の開発が進んでいますが、こういった動きはTOPIKの日本モデルと言うんですかね。現地化モデルの1つとしてあるのではないかと。確かにTOPIKは韓国政府が進めていて全世界的な標準で作っているものなのですが、日本での消費のされ方は違っていると思うんですね。このニーズにどう合わせていくのかという事も、今後の発展の可能性として分かった点かなと思います。

韓国語学習ですので、YouTube、書籍、外国語学院、高校・大学等の教育現場だからできる事が各々あるだろうと思いますが、それらを繋ぐポイントがおそらくTOPIKなんだろうと思います。

高校・大学あるいはそれ以外の教育に携わっている方々が、それぞれの知を共有できるようなフォーラムが今回初めてなんですよね。ですのでこれを今後も継続し、日本での韓国語学習、TOPIKのあり方を考える機会があればいいなと思いますので、第2回以降のフォーラムの開催を期待したいです。

本日、まだ紹介できなかった話や、議論できなかった論点があると思いますが、ひとえに私の力不足でございますので、心よりお詫び申し上げたいと思いますが、課題が残ったという事は、来年度以降も開催する理由になりますので、その点を強調させていただいて、第2部を閉じさせていただきたいと思います。第1部に登壇いただいた先生方、また第2部から一緒に加わっていただいた先生方に、大きな拍手をお願いいたします。大変ありがとうございました。

2）TOPIKの発展可能性
―第１部と第２部の議論を受けて

文部科学省総合教育政策局調査企画課外国調査係 専門職　田中 光晴

　今回の「第１回TOPIKフォーラム」は、世界展開を目指すTOPIKの現状と共に、日本での受容のされ方について報告があり、TOPIKの「日本的」な受容のされ方について議論された。本節では、当日の報告に基づいて、日本国内におけるTOPIKの活用状況とその特徴について概観し、TOPIKの発展可能性について考えてみたい。

１．TOPIKの活用事例

（1）高校での活用事例－長崎県立対馬高等学校

　最初の事例は高校における活用事例である。長崎県立対馬高等学校には全国の公立高校で唯一、韓国語を専門的に学べる国際文化交流科[1]が設置されている。韓国語・韓国文化の学びと検定取得に力を入れており、国内大学はもとより、韓国の大学への進学や韓国語が生かせる国内企業に人材を輩出している。これまでに約370名が入学し、２割近く（74名）の生徒が韓国の大学に進学した。この背景には、長崎県が進める「高校生の離島留学制度」の支援がある。長崎県は日本の中でも最も多くの「島」を抱える県で、この環境を生かし、学習できる環境を「高校生の離島留学制度」[2]として2004年に導入した。現在は、対馬高校のほか、壱岐高校、五島高校、五島南高校、奈留高校の５校で受入れを行っている。これらの高校は、特色ある学科やコースを設置

1　長崎県立対馬高等学校国際文化交流科ウェブサイト（https://tsushima-h.jp/school-course-2/international-cultural-exchange-course-2-2/、2022年11月２日アクセス）
2　長崎県「高校生の離島留学制度」（https://www.pref.nagasaki.jp/bunrui/kanko-kyoiku-bunka/shochuko/ritoryugaku/、2022年11月２日アクセス）

していることが特徴で、対馬高校は韓国語、壱岐高校は中国語、五島高校はスポーツなどのコースを設けている。対馬は、海に囲まれた島であるが、全国から韓国語学習に意欲的な生徒が集まり、2022年現在在籍する77名の生徒のうち、島内出身者は3名、長崎県内出身者が36名、長崎県外出身者38名である。

　韓国語の授業は1年次に週5時間、2年次に週7時間、3年次に週7時間あり、3年間で19単位履修する。クラスは、習熟度で2つのクラスにレベル分けされている。TOPIKで2級以上を取得すると単位として認められる制度があり、TOPIKのための特別講座が設けられている。1年生は10月にTOPIK Iを全員受検することとなっており、月3、4回の朝補習や年20時間の休日補習などで検定受検に備えている。このほか、釜山への2週間の韓国語研修（新型コロナウイルス感染症によりここ2年はオンラインの交流に切り替わっている）や、専門家による出張講義、海外の学生との韓国語や英語を用いた遠隔交流の機会を設けている。

(2) 大学での活用事例－長崎外国語大学

　次いで、大学の事例である。大学におけるTOPIKの活用は徐々に拡大していると思われる[3]。長崎外国語大学は長崎県長崎市にあるキリスト教系私立大学で、1947年に開校した長崎外国語学校が前身である。地理的な関係からも韓国留学を目指す学生が多い。

　長崎外国語大学においてTOPIKは様々な場面で活用されていた。まず、海外派遣留学プログラムへの応募条件としてTOPIKの取得が基準として使用されている。交換留学制度では、一定レベル以上の語学力を有する学生については希望する派遣先の大学を優先的に選択できる。また、入学前に一定レベル以上の語学力を有する新入生については、1年次の語学科目の履修を免除（8単位を認定）し、2年次科目からの履修を許可する制度や、一定レベルの検定に合格した場合、目標達成奨学金が授与される。このほか、各種外国語検定への挑戦を促すべく、検定上級合格者を表彰する「語学の達人」制度がある。TOPIKの場合、5級合格者に学長奨励賞（図書カード5,000円分）が、6級合格者には学長特別奨励賞（図書カード20,000円分）が授与される。

3　六車（2005）による2005年の調査によると、調査対象の548の大学のうち、「ハングル」能力検定と授業科目の単位として認定の対象としている大学は14校、韓国語能力試験を単位認定している大学は7校であった。

興味深いのは、集中科目として「資格韓国語Ⅰ～Ⅳ」「IPT Credits」があり、資格試験を単位化する枠組みがカリキュラムに位置付いている点である。これは学生にとってもメリットがある。

(3) 企業での活用

　近畿大学の酒匂教授の報告によれば、企業におけるTOPIKの活用は進んでおらず、課題が多いことが分かった。酒匂教授は、韓国語学習経験のある社会人へのアンケート（98人）と6人へのインタビュー、企業の人事関係者へのアンケート（9社）と4人の人事関係者へのインタビューをとおし、TOPIKの企業での活用状況を調査した。

　まず、韓国語学習経験者のアンケートからは、韓国語学習経験者のうち、現在25％が韓国系企業に、75％がそれ以外の企業に勤めていた。業種は農林業、漁業、製造、情報通信など多様である。学習経験者のうち、採用時にTOPIKのスコアの提出が求められたのは韓国系企業で34％、その他の企業では7％と、そもそもスコア提出自体が入職時のインセンティブとして機能していない傾向にあることがわかった。また、入職後TOPIKのスコアが何らかのインセンティブとして付与されていると答えたのは韓国系企業で働く2名のみであり、その他の企業を含め、インセンティブがあったと回答した者はいなかった。一方で、業務上韓国語が必要だと答えた者は韓国語系企業で40％、その他で10％と、韓国語を使用する機会が一定数あるということが分かった。

　企業側へのアンケートにおいても、TOPIKのスコアの提出やインセンティブ付与を行っていると回答した企業は無く、企業におけるTOPIK活用の課題が浮き彫りとなった。企業へのヒアリングからは「韓国のスタッフが日本語が上手なので、こちらのスタッフに言語力を求めていない」などと、TOPIKを活用しない理由を述べた。

　酒匂教授は、TOPIKが「韓国語の教育評価を標準化し、韓国語学習者に学習方法を提示するとともに、韓国語の普及や試験結果の学習・留学・就職等への活用などを目的」としたもので、学習や留学への足掛かりとして位置付けられており、ビジネスへの活用という意味での認知度は低いのではないか、と指摘した。

（4）検討

　以上3つの事例の概要を示したが、ここでは①カリキュラム化、②インセンティブの捉え方のズレ、の2点について指摘しておきたい。

　まず、外国語検定試験のカリキュラム化についてである。日本では外国語検定試験がカリキュラムと連動するケースは珍しくないが、高校において英語以外の言語がカリキュラムで意識されるケースは多くない[4]。今回紹介された高校と大学の事例では、TOPIKがカリキュラムに位置付けられていた点が特徴である。対馬高校や長崎外国語大学が他の教育機関と比べて、韓国語教育に力を入れているという特色をもつものの、いずれの教育機関も韓国の大学への留学を目指すうえでTOPIKが効率的にカリキュラムに位置付いており、そのことが学生らの学習動機になっていることが窺える。大学の事例では、もう少し踏み込み、TOPIKの成績と連動した奨学金や留学先選択の優先権の付与など、高等教育機関ならではのインセンティブがみられた。このことは、入学前の学習者のリクルートにも役立つ広報的な機能も果たしうる。

　次に指摘できるのは、インセンティブの捉え方のズレである。これは、教育機関側、学習者側、企業側で差異がみられる。教育機関側は、上記のように様々なインセンティブを付与することで、学習者の動機付けを行っていた。このことはもちろん学習者側にとってもインセンティブとして認識され、学習動機の向上に影響があることが予想される。つまり、教育機関側と学習者側のインセンティブの捉え方にはズレがない。しかし、企業の事例からみえたのは、韓国語学習や資格取得が企業への就職やその後のキャリアアップの際にインセンティブとして機能していないということである。学習者が取得した資格がその後のキャリアで正当に評価されていないということになる。韓国系企業で韓国語資格の活用が低いのは課題であるが、担当者のコメントにみられたように、韓国企業側に日本語に通じている現地スタッフが多いということも要因の一つであろう。学習者・教育機関と企業との間にはインセンティブの捉え方にズレがみられた。

　このようなキャリアステージにおけるインセンティブが少ない場合、資格試験はどのような機能を果たすのだろうか。実用英語技能検定やTOEFLなどと異なり、就職な

4　文部科学省（2019）の調査によれば、2019年現在、英語以外の外国語科目を開設している高校は、476校で、このうち、韓国・朝鮮語を開設している学校は270校である。2019年度全国の高校数（中等教育学校を含む）は、4941校であるため、約5.5％の高校で韓国語が開設されていることになる。

どでインセンティブが付与されないにも関わらず、学習者に一定の学習ニーズがある
ということは、TOPIKは、キャリアパスとしての使われ方とは異なる使われ方がなさ
れている可能性がある。例えば、インセンティブのためだけではなく、単純に韓国や
韓国文化に対する関心が韓国語の学習動機へとつながっていたり、個人的な言語学習
のレベルチェックや「記念受験」のような使われ方がされたりしているのではないだ
ろうか。TOPIKは韓国政府が文化コンテンツ発信の一環として位置付けており、韓国
に行くことや韓国文化に関心がある学習者の関心を引く可能性が高い。韓国政府が世
界的な基準として開発したTOPIKは、当然のことながら、韓国での通用性は高くなる
ため、特に韓国留学を目指す場合はTOPIKに関心が向く可能性がある。

2．TOPIKの発展可能性

　第2部では、高校・大学という教育ラインに議論を閉じるのではなく、教育ライン
とは別の場でなされる韓国語学習の観点を含めて議論が行われた。ディスカッション
でもたびたび登場した「多様化」と「現地化」をキーワードにTOPIKの発展可能性を
検討する。

（1）学習者・学習動機・学習方法の多様化

　第2部のディスカッションからも明らかになったように、韓国語学習者は様々な面
で多様化が進んでいる。第1回TOPIKの受検者の男女比をみるとほぼ5対5である
が、現在は女性が圧倒的に多い。Youtubeや外国語学院での事例からもその傾向がう
かがえる。また、年齢層も多様化しており、20代、30代をボリュームゾーンとしな
がらも、10代やシニア層まで、幅広い層で韓国語学習が生じている。
　学習者の多様化は、学習動機や学習方法の多様化につながる。ディスカッションか
ら見えてきたのは、趣味として学習に取り組んでいる層が一定程度いるということで
ある。実用英語技能検定やTOEFLなどと異なり、就職などでインセンティブが相対的
に弱いにも関わらず、学習者に一定の学習ニーズがあるということは、TOPIKは、キャ
リアパスとしての使われ方とは異なる使われ方がなされているということであろう。
ディスカッションでは、インセンティブのためだけではなく、単純に韓国や韓国文化

に対する関心が韓国語の学習動機へとつながっていると指摘された。この背景には「韓流」の貢献があり、生まれたときからK−POPや韓流ドラマ、町にあふれるハングル表記に触れる「韓流ネイティブ」の存在がある。彼／彼女らにとっては韓国や韓国文化と出会ってから韓国語に関心を持つ経路が想定できるため、動機の継続性は高いと思われる。また、学習する場も、既存のラジオ、テレビ、語学本を始め、高校や大学、外国語学院のような場のみならず、オンラインの世界に学びの場が広がったことも大きい。個人的には、Youtubeやtikitokのように、가볍게（カビョプケ＝軽く、ポップに、という韓国語）視聴できるようなコンテンツが増えたことは韓国語学習の多様化に大きく貢献したと考える。これらは、時間や場所に縛られない「独学」層を大きく増やした。

（2）「現地化」をどう考えるか

　最後に、樋口（2021）が提唱する「現地主義アプローチ」に沿っていくつか示唆を述べてみたい。現地主義アプローチとは、「『本国』の言語普及の働きかけ以前に『現地』に元々備わる当該言語の教育基盤、学習者の文化的嗜好、対外認識、普及言語と現地語との親和性などに注目し、当該言語の普及の成否ならびに度合いを『現地』の文脈で理解、解釈する取組」とされる。つまり、既存の対外言語普及論が対外言語普及を進める側の視点に重きが置かれていた点に対し、現地の受容側の諸要因の考察を経ることで、より総体的な「普及」像を描く必要性を主張した。すでに現地（日本）で開発された「ハングル」能力検定試験がある中で、本国（韓国）で開発された韓国語能力試験が入ってきたケースでは、現地主義アプローチによる視点が有効である。

　日本に存在する2つの韓国語検定試験は、現地主義アプローチに照らせば、次のような特徴を持つ。「ハングル」能力検定試験は、外国の言語について、受容国が独自に検定枠組みを準備して実施する試験である。これを便宜上「受容国型検定」とする。受容国型検定は、受容国の有志により開発され、試験が実施される。日本では受容国型検定として、ロシア語能力検定試験や実用英語技能検定、スペイン語技能検定試験など、多様な外国語試験が独自に開発・実施されてきた。「ハングル」能力検定試験については、日本語母語話者のための試験であり、北朝鮮・韓国の両方の正書法を認めているという特徴があり、韓国語検定試験としては、世界で初のものであった。

　一方で、TOPIKは、発信国が外国への言語普及・文化普及政策の一環として当該国

語を母語としない者のために開発した言語検定試験である。これを便宜上「発信国型検定」とする。さらにTOPIKは民間ではなく国が開発したという特徴を有する。TOPIKは、1997年に第1回試験が行われて以降、実施国を拡大しており、試験問題や評価基準は、世界で統一されている。

　この2つの試験が同時に存在する場合、どのような作用がみられるだろうか。発信国型検定試験（国が管理する場合）は、文化政策や文化コンテンツとセットにしたり、受検者らを発信国へ受入れるインセンティブを付与させたりしやすい。学習者からみると、発信国への関心があり、インセンティブに魅力があると、発信国型検定を受ける方向に流れ、発信国型検定の受検者は増加する。また、受検者を増加させるために、当該検定試験の発信国内での認知に努め、更なるインセンティブが付与できるよう働きかける。

　一方で、受入れ国で独自に発展した検定（受容国型検定）の多くは民間によるものが多く、ローカルの文脈でのニーズに基づき開発されるため、受容国の言語・文化的背景を踏まえ、受容国の国語を母語とする学習者に配慮した検定という強みを持ち、受容国での認知度が高くなる可能性がある。しかし、①受容国内でしか通用しない指標、②文化コンテンツや発信国へのインセンティブが相対的に弱い、という弱みを持つ。結果的に、受容国で独自に発展した検定は別の存在意義を押し出すことになる。ハン検でいえば、日本語母語話者のためという点と南北の正書法を認めるという点は、TOPIKでは採用しえない独自の路線であるため、この点が特徴になる。TOPIKは、韓国への接続（留学や就職）や文化コンテンツとのセットを強みとして、学習者をひきつけていくことになる。

　発信国型検定は、受容国において別の検定試験が存在しない場合は、唯一の検定試験となるため、特段普及に課題が生じることはない。しかし受容国において既に類似の検定試験が存在している場合、差異化する戦略が必要となる。TOPIKの場合、日本にあるハン検との異同をアピールしつつ、韓国へのインセンティブを強調する。一方で日本国内の大学や企業への接続は弱く、現地化が課題となる。発信国型検定を国として運営している場合、試験の質やブランドを確保するために、全世界統一の基準を設ける必要がある。これを特定の受入国に合わせた独自のルールを設定すること（現地化）には、コストがかかり、検定の成績が等価交換できなくなる可能性が生じるため、措置は容易ではない。結果的に発信国型検定の現地化はハードルが高くなる。

　日本において、高校レベルの韓国語教育を行っている有志が高校生用の韓国語試験

を開発する動きがある[5]。運営団体は、この高校生用の韓国語試験について、TOPIK
を運営する韓国国際教育院に「認証」してもらうことを検討しているという。受容国
型検定が発信国によって認証されると、上記の課題を補完できる可能性がある。形は
どうあれ、TOPIKの現地化の今後に期待したい。

　（本稿は、全て個人的見解に基づくものであり、所属機関を代表するものではない。）

参考文献

- 樋口謙一郎（2021）「対外言語普及と「現地主義」アプローチ」立教大学アジア地域研究
  所『なじまぁ』11号、11-12頁。
- 六車正章（2006）「大学における資格の単位認定の現状－全国大学調査の集計・分析から
  －」『大学評価・学位研究』第2号、21-46頁。(http://www.niad.ac.jp/sub_press/
  sciencemag/No2/no02_2.pdf)
- 文部科学省（2019）「平成29年度 高等学校等における国際交流等の状況について」
  (https://www.mext.go.jp/a_menu/koutou/ryugaku/koukousei/__icsFiles/afieldfi
  le/2019/09/19/1323946_001_1.pdf、2022年11月11日アクセス)

5　高校生用韓国語検定試験開発研究会（2020）「高校生用韓国語検定試験開発研究会の活動について」
（https://www.jactfl.or.jp/wdps/wp-content/uploads/2020/09/JACTFL2ndZoomSympo_05
Kurosawa.pdf、2022年11月9日アクセス）

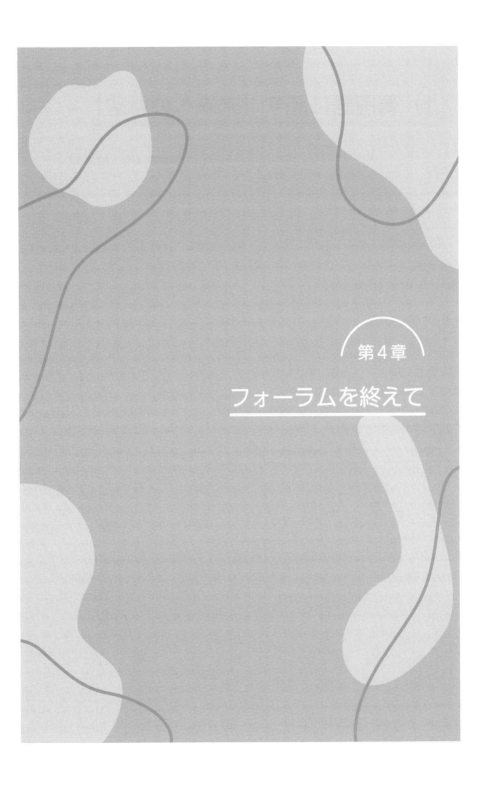

第 4 章

フォーラムを終えて

1）韓国語に託す「未来への希望」

朝日新聞 記者　桜井 泉

　30年余り韓国語を学んでいる日本人学習者の一人として、初めて開催されたTOPIKフォーラムの会場である立教大学に足を運びました。そこで感じたことは、一言でいうと「未来への希望」です。

　釜山とは目と鼻の先、長崎県立対馬高校の金京児先生は、生徒たちが韓国語で会話をしている動画を使いながら発表しました。みな、韓国語を流暢に使いこなしていましたが、驚いたのは、司会役の男子生徒の発音がネイティブに近いと言っていいほどのレベルだったことでした。彼はどのようにして会話力を身につけたのでしょうか。そもそもなぜ韓国語を学んでいるのでしょうか？　高校1年生のときはどのくらいのレベルだったのでしょうか？　短期間でも留学したことがあるのでしょうか？　そんな話が聞ければ、なおよかったと思いました。

　日本語話者にとっての韓国語の壁は、何と言っても発音です。金浦空港に着いてタクシーに乗り、運転手さんに行き先を告げた途端に言われてしまいます。「日本からおいでになりましたね」。そのたびに思うのです。「ああ、また、ばれてしまったか」と。それでも韓国で暮らして数日たつと、舌もだんだん滑らかになるのです、と言い訳しておきましょう。

　2003年、NHKがBS放送で韓国ドラマ「冬のソナタ」を放送してから20年になります。ヨン様に始まり、チャングム、ビッグバン、東方神起、愛の不時着、梨泰院クラス、そして今や世界のBTS。最近では、フェミニズムを中心とした韓国文学も注目され、「82年生まれ、キム・ジヨン」は邦訳本が23万部となる大ヒットを記録しました。

　多彩な韓流コンテンツに刺激され、日本での韓国語学習者の数はぐんぐん伸びています。書店に行けば、英語に次いで韓国語の教材が広いスペースを占めています。大学で学ぶ第二外国語で、一番人気は韓国語だそうです。

　韓国のモノは、「かわいい」「おしゃれ」「かっこいい」。これは革命が起きたと言ってもいいでしょう。韓国語を広める側にとっては、有史以来の最大のチャンスです。

そうした中で、TOPIKがもっと知られ、受験者を増やすにはどうしたらいいのか。それが今回のフォーラムの目的でした。

　ただ、日本社会は、韓国と異なり、資格試験にそれほど執着しないようです。大学入試や就職試験における「スペック」に対する意識は、受ける側も採用する側も薄いのではないでしょうか。それよりは、実際にどれほど韓国語を使えるのか、が重視されます。それは面接で少し韓国語を話してもらえば分かることです。

　また、どれほどの企業が、韓国語を使える日本語話者を必要としているのでしょうか。日本にいる韓国人で、日本語ができない人に出会うのはまれです。日本語が理解できる韓国人は、山ほどいるのです。こう考えると就職試験でTOPIKの資格が評価されるようになるのは、そう簡単ではないでしょう。日本では、英検の資格でさえも、就職試験ではあまり重視されていないのですから。

　TOPIKは学習者の到達目標や実力の確認手段として利用されるのがメインになるでしょう。そのためには、内容や試験のあり方をどう改善したらいいのでしょうか。専門家の議論を待ちたいところです。いずれにしてもTOPIKのことがもっと知られるには、こうしたフォーラムを小規模でもいいから毎年、続けていくことだと思います。

　私は、戦後の日本における韓国語学習の歴史を取材したことがあります。2021年9月6日から10日までの朝日新聞夕刊「隣の国のことば」（全5回）として連載しました。その内容を少し思い起こしてみます。

　1950年代に、この言語（当時は「朝鮮語」と呼ばれていました）を学んだ日本人は極めて少数であり、気軽に学べる場所もありませんでした。そうした中で、植民地支配下、自らの言葉を奪われた同胞のための民族学校や講習所に頼み込んで学んだ日本人がいました。先頃、亡くなった早稲田大学名誉教授の大村益夫先生はその一人でした。

　その後、歴史に関心のある人、とくに日本による植民地支配を批判する人、在日韓国・朝鮮人の人権や差別の問題に関心のある人、北朝鮮の体制に親しみを覚える人、韓国の軍事独裁体制を批判する人・・・　特別な関心、なかでも隣国の政治や社会に関心のある人が、この言語を学びました。それは自主講座、市民講座という形で始まりました。

　しかし、この言語は、大学の第二外国語としては、まだまだ認知されていませんでした。1980年代半ばでさえ、ある大学のドイツ文学の教授が「学問として提供するに値しない言語だ」と言い放ち、正規の授業にすることを拒んだという話を聞いたと

きには、驚くと共に怒りがわいてきました。それほど日本社会は、隣の国のことばを無視し、さげすんできたのでした。戦後何年たっても、日本人の植民地をみるような視線は相変わらずだったのでしょう。

有名な詩人、茨木のり子は、1976年50歳のときに、朝日カルチャーセンターで韓国語を初めて学びました。当時、韓国語を学ぶ人はまだ珍しかったので、「なぜ学ぶのか」とよく聞かれたそうです。茨木は「いりくんで」いる動機をひっくるめて、「隣の国のことばですもの」と答えたのです。1986年に出版した「ハングルへの旅」（朝日文庫）に出てくるエッセーです。

韓国人なら誰でも知っている詩人で、同志社大学在学中に治安維持法違反で捕まり、終戦の直前に福岡刑務所で獄死した、尹東柱（ユンドンジュ）を紹介したのも、このエッセー集でした。

私は1991年、韓国語を学びにソウルに行きました。日本で半年、在日の方にあいさつ言葉を習って、福岡から高速船で玄界灘を渡りました。釜山の街で映画館の前を通ると、スルメの強烈な臭いに頭がくらくらしました。これが私にとっての初めての韓国での生活体験でした。30歳を過ぎて、言葉の通じない世界に放り込まれ、果たしてやっていけるのか。不安だったことを思い出します。

あの頃、韓国語を一言でも話そうものなら、韓国の人たちは「お上手ですね」とほめてくれたものです。少し長めに話せば、「在日同胞の方ですね。それにしては下手ですね」と言われました。

今は、あの頃より、はるかにうまくなりましたが、誰もほめてはくれません。テレビには、韓国語がやたらとうまい欧米人がたくさん出てくる時代です。韓国語は、確実に世界化しているのです。

フォーラムの締めくくりでした。九州大学名誉教授で植民地朝鮮の教育を専門とする稲葉継雄先生は、「隔世の感です」と感想を述べられました。

稲葉さんは1971年から3年余りソウルに留学したそうです。日韓国交正常化から6年。当時、日本の企業はかなり進出していましたが、韓国語を学ぼうとする日本人はほとんどいませんでした。

なぜ、日本人は学ぼうとしなかったのでしょうか。それは、植民地時代に日本語を学ばされた、働き盛りの韓国人がたくさんいたからでした。民族の言葉が奪われ、「国語」と言えば、日本語を指す時代があったことを忘れてはいけないと思います。

外国語は何のために学ぶのでしょうか。

　今、かつてに比べてはるかに多くの日本人が韓国語を学ぶようになりました。「日本と韓国が対等な外国同士になったということです。外国の文化を理解するには、言葉をまず学ぶ必要があります。互いに言葉を学ぶ。それが親善交流につながります」。そんな稲葉さんの言葉が深く心に残りました。

　言葉を学べば、相手をもっと知りたくなります。自分の国の言葉を外国人が話してくれれば、親近感が生まれ、信頼関係も築けます。それは、隣国でありながら、とかく摩擦が起きやすい日韓両国の国民感情を和らげてくれるでしょう。日本語が話せる韓国人は、その逆の何倍、いや何十倍、何百倍もいます。今回のフォーラムでも韓国人の先生方は、みな、すばらしい日本語でお話しくださいました。

　「もっと韓国語を勉強しなければ」。そんなことを改めて感じた一日でした。韓国語は、特別な関心を持った極めて少数の日本人が学んだ言語から、誰もが気軽に学べる言語になりました。日本の若い世代がこんなにも熱心に韓国語を学び、滑らかに会話もできる。そこに日韓関係の未来への希望を感じたのでした。

2）多様な韓国語学習のための TOPIKを考える

都立青梅総合高等学校　他
韓国朝鮮語講師ネットワーク（JAKEHS）東ブロック 代表　**石黒 みのり**

　2022年７月16日（土）、立教大学外国語教育研究センター主催、【立教大学外国語教育研究センター共催】公開講演会「企業と教育現場でのTOPIK（韓国語能力試験）の採択」へ参加した。私も現在、今回の公開講演会のタイトルにもあるように、まさに都立高校という「教育現場」で韓国語を教えている。（科目の名称は学校によって様々あるが、ここでは一括りに「韓国語」とさせていただく。）日本の高等学校では基本的に第二外国語（英語以外の科目）は選択科目であるため、週１回２時間が基本である。入門レベルの生徒がほとんどであり、生徒の中からTOPIK受検者が出てくるのは非常に稀である。そのせいか、教員としてTOPIKとの関わりはそこまでなかったように思う。だが、近年の韓国ブームの定着で学習者の低年齢化が進み、韓国語を今後のキャリアにつなげたいという生徒も一定数いるため、今後の高等学校における韓国語教育で何かヒントになることがもしあればと思い参加した。ここでは公開講演会を通して、自身の教育現場と照らし合わせながら考えたことを述べてみたい。

　まず、第１部の「対馬高等学校の韓国語教育の事例」（金京児先生）を非常に興味深く拝聴した。対馬高等学校は「国際文化交流科」として、公立高校では初の韓国語専門コースを設置した学校である。韓国語の授業はもちろん、韓国短期研修、そして各種韓国語検定試験受検への積極的な取り組みを行っている。そして、TOPIKを取得すると単位認定されるというインセンティブもある。実はごく一部の都立高校でも、このような単位認定システムがある。ただ、ほんのわずかな高校に限られているため、この単位認定システムはより多くの高等学校でも採用すべきではないかと考える。そのためには、まず高等学校でのTOPIKという試験を生徒はもちろん、教務の担当教員に周知していく必要がある。

　積極的な韓国語教育を実施している対馬高校国際文化交流科だが、韓国語が今後の

進路に影響するが故に、TOPIK取得が目的になりやすい傾向にあるという。また、国内進学の生徒は必ずしも６級取得を目標にしないこともあるそうだ。TOPIK取得によって今後どのようなキャリアを描けるか、生徒と目標の確認が大事であることを痛感した。

　しかし、第１部３つ目の報告の「TOPIK取得と就職」（酒匂康裕先生）という調査報告を聞き、私は衝撃と若干の切なさを感じることとなる。韓国語学習経験のある社会人、及び企業にアンケート及びインタビューを行った結果、企業でTOPIKの成績を求められたかという回答について、韓国企業勤務者の６割が「いいえ」、その他企業勤務者は９割が「いいえ」という回答であった。またTOPIK取得によるインセンティブも、韓国系企業もその他企業もほとんどが「いいえ」と答えていた。さらに現在の業務とTOPIKの必要性では、韓国系企業勤務者が４割が「必要」なのに対し、その他企業では「必要ない」が５割という結果であった。現在の業務との関連も、「必要ではない」もしくは「わからない」が半分以上を占める結果となっており、語学力は必ずしも業務遂行能力に結びついているとは限らないということも分かった。思ったよりTOPIK取得は就職や就職後の人生にあまり影響していないことに、非常に驚いてしまった。アンケートの中の「若い人たちは韓国語に興味があるみたいですが、仕事には繋がらないのが現状です」という企業就職者の言葉がとても印象的であり、まさにTOPIKと仕事がつながらない現状を表しているように感じた。

　若干古いデータにはなるが、2021年度の初回の授業で「受講目的」を独自のアンケートを通して、自身の勤務校の生徒を対象に調査したことがある。その結果、約１割が今後留学や韓国企業就職を目標にして受講していると答えていた。そのため、TOPIK受検案内が来た際には生徒に「韓国での留学や企業就職を考えているなら、TOPIK受検も視野に入れてください」と、授業内で一応案内をしてきた。だが、この結果を聞くとかなり複雑な気持ちになった。

　しかしアンケート終盤の、企業で必要な４領域の具体的な理由や業務と韓国語能力の関係に関する意見は、韓国に関わる仕事をしたい学習者にとってはかなり価値のあるリアルなコメントではないだろうか。「電話のやりとりがあるから聞き取りが重要だと思っている」「企業とのメールのやりとりがあるから作文が大事」等、４領域（聞く・話す・書く・読む）のどの部分がどのように仕事に関わってくるのが分かれば、学習者のモチベーションの維持にもつながるであろう。

　第２部は第１部の報告者を含めたパネルディスカッションが開催され、基本的には

第1部の報告に対する質疑応答、補足が中心となった。そこでは、特に語学系YouTuberのトリリンガルのトミさんの視聴者の方のエピソードが非常に興味深かった。独自のTOPIKスパルタセミナーを実施した際に、とある高校生が参加していた。独学でK-POPをたくさん聴いていたが、セミナーの勉強を通して基礎がかなり抜けていたことに気づいたそうである。初級単語や文法をやることによって、もともと好きだったKカルチャーの世界がさらに広がり、理解できることが増えたそうだ。韓国ブームの定着、学習者の低年齢化により学習スタイルも多様化が進んでいるが、受検を通してKカルチャーをより楽しむことができるのもTOPIKの強みとなるのではと感じた。

　講演会の終盤で、TOPIKは「目的ではなくツールとしての言語学習」という声が何人かの先生方の間で上がっていた。韓国文化が定着してきている今こそ、最終的に「何のための」韓国語学習なのかをより深い次元でそれぞれが考えるべき時代になってきたのではないかと考える。司会進行の田中光晴さんも言及されていたが、学習者及び受検者が多様化しているため、ビジネスTOPIKやTOPIK junior（中高校生用）といった形式があってもいいのではないだろうか。

　今回の公開講演会を通し、TOPIKは現時点でも韓国の大学進学に活用はされているが、今後の就職や多様なキャリアの展開のためにも、まずは認知されることが大事である。また、キャリアに直結しなくても、より深い韓国文化への理解のためにも多くの方が受検したいと思う検定試験であることを願ってやまない。

登壇者紹介（登壇順）

金 京児（長崎県立対馬高等学校 教員）

離島留学校として全国各地から学生を受け入れている対馬高等学校で韓国語教育に携わっている。対馬高等学校では韓国語教育のニーズの高まりを受け2019年度から「国際文化交流科」を新設、釜山の大学と連携しつつ質の高い韓国語教育を行っており、毎年TOPIKの高級合格者を輩出している。

朴 永奎（長崎外国語大学外国語学部 教授）

専門は韓国教育史。韓国語専修の教授、国際交流センター長として、学生の留学指導を行っている。長崎外国語大学はTOPIKの長崎会場でもあり、検定と高等教育の接続について長年の蓄積を有している。論文に、「日本各地の公立学校における「民族学級」の設置について—1945年から1960年代までを中心に—」（『韓国文化研究』韓国文化学会、2018年）などがある。

酒勾 康裕（近畿大学国際学部 准教授）

専門は韓国語教育。韓国のソウルに長く住んでいた経験を活かし、キャリア接続を意識した韓国語教育・留学指導を実践している。論文に、「EQ指標を用いた留学の効果検証方法—質的研究の検索補助としての量的研究の提案—」（『近畿大学教養・外国語教育センター紀要（外国語編）』、2020年）などがある。

田中 光晴（文部科学省総合教育政策局調査企画課外国調査係 専門職）

専門は教育政策。日韓の公教育・私教育に精通している。論文に「韓国における大学入試の多様化とその後」（『大学入試における共有試験』12、2017年）などがある。

トリリンガルのトミ（韓国語講座YouTuber）

8万人を超えるチャンネル登録者数をもつ。最近はブログやLINEでも活動し、韓国語学習者の裾野を広げることに貢献している。2022年よりTOPIKの広報大使。

和田 圭弘（有限会社Jリサーチ出版編集部 社員）

主に検定対策本を刊行する出版社であるJリサーチ出版の編集部に勤める。社の代表作は英語の『スピードマスター』シリーズだが、近年は韓国語関係の出版物も増えており、和田氏は韓国に長く住んでいた経験を活かし、韓国語関係本を担当している。

李 承珉（新大久保語学院 院長）

2002年に設立され日本の韓国語教育を私教育の分野で長く牽引してきた新大久保語学院の院長。教科書『できる韓国語』シリーズは、独学者の定番テキストとして広く知られている。

2023 年 10 月　初版発行

編　集：韓国語能力試験諮問会議
発行者：仲西佳文
発行所：有限会社　花書院
　　　　〒 810-0012　福岡市中央区白金 2-9-2
　　　　電話. 092-526-0287　FAX. 092-524-4411
　　　　印刷・製本：城島印刷株式会社